いのちを輝かせるもの

——心をいやすメッセージ——

柏木哲夫［著］

いのちのことば社

推薦のことば

兵庫大学大学院特任教授　窪寺俊之

柏木哲夫先生の新しい本『いのちを輝かせるもの』が出版されました。毎年、新著が出るのを楽しみにしている方も多いのではないでしょうか。柏木先生のご本がすでに単著四十五冊を超え、共著八冊、翻訳二冊にもなって、医学書、啓蒙書、信仰書など広いジャンルに及び、特にキリスト教（関係）の書籍は格段の数に上っています。私には推薦文を書く資格はありませんが、柏木先生のご本のファンの一人として少しだけ書かせていただくことにします。ご本は読みやすい。読んでいるうちにいつのまにか「柏木ワールド」に吸い込まれて、心の緊張がほぐれ、疲れが癒されます。そこで、「柏木ワールド」の魅力を述べて、皆様にもこの喜びを味わっていただきたいと思います。

柏木ワールドの特徴の一つは、ユーモアです。

柏木先生は川柳をもって人を楽しませてくださいます。講演でも説教でも柏木先生は川柳で聞く人を楽しませてくださいます。関心のある人にお勧めしたい本は『ユーモアを生きる』、『癒しのユーモア』（三輪書店）、『ベッドサイドのユーモア学』（メディカ出版）などです。しかし、柏木先生は私たちを楽しませるだけでなく、先生の人格から出る優しさで、後味を爽快なものにしてくださいます。ご人格がユーモアに現れていて、心が温かくなるのです。

第二の特徴は、生きる知恵を教えてくれることです。

困った時、悲しい時、寂しい時、つらい時の心のサプリメントを与えてくれます。さすが精神科医であり、ホスピス医です。終末期の病をもつ人や、心を病む人に寄り添ってきた先生だから書ける労《いたわ》りの言葉に触れることができます。また、人は人生の難問に出合い、立ち止まってしまう時があります。そんなとき、私は、柏木先生がどんなふうに対応なさるのだろうかと考えます。私の心に浮かんでくるのは、柏木先生の非常に実際的で配慮に行き届いた解答です。不思議に心が癒されるのを感じます。この本の中に「集める人生、散らす人生Ｉ」という章があります。そこに次のようにあります。

「私は人生を黒と白の縞のマフラーにたとえて考えます。黒は人生の不幸、白は幸せを表します。マフラーの柄は様々で、前半が真っ黒で後半が真っ白だったり、黒と白が交互に織りあげられていたり、最初の三分の一が黒、次の三分の一が白で、あとの三分の一がまた黒というものもあります。それを陳列棚に並べると、それぞれ趣があります。

人生というのは完全に真っ白、完全に真っ黒というものはありません。割合はそれぞれ違うけれども、黒と白が織り混ざっているのが人生ではないかと思います。」

私の心をつかんだのは、「それを陳列棚に並べると、それぞれ趣があります」と人生を余裕をもって眺めるところで、そこに人生の達人の生き方があると教えられるのです。

第三の特徴は、実践的キリスト教信仰が貫かれていることです。柏木先生のご本の根底にあるのは、キリスト教信仰です。先生がご本を書き始められた時から変わらないのは、クリスチャンとしての生き方です。精神科医としてのキャリアから始めて、ホスピス医になり、大学の教授や学長になり、学会長や病院理事長などに携わってこられましたが、立場は異なっても、クリスチャンとしての生き方を貫いておられます。神学を語るというよりも、キリスト信仰を生きようとする姿に私自身は励まされてきました。そこが柏木ワールドの確かなメッセージなのではないかと受けとめています。

この本の読者は柏木先生の優しさや思いやり、実際的知恵、信仰に触れて慰めを得られることでしょう。コロナの感染が世界を脅かしていて、多くの方が不自由な生活を余儀なくされています。心が縮こまり、人との交わりが少なくなり、活き活きしたいのちの輝きを失っているでしょうか。この本を読むときに、心の重荷が軽くなり、微笑みが生まれ、将来に光を見いだされることと思います。この時期だからこそ、多くの方に読んでいただきたい一冊です。

まえがき

教会での特別講演会や教育講演会で、お話をする機会がときどきあります。あるとき、講演の後で、女性会の方が「先生のご著書『心をいやす55のメッセージ』をテキストにして学んでいます」と言われました。二〇〇二年の出版（いのちのことば社）で古い本ですが、テキストとして読んでいただいているとのことで、嬉しく思いました。

この『心をいやす55のメッセージ』の内容は、二〇二〇年にクリスチャン新聞でも、「抜粋編集」という形で連載されました。淀川キリスト教病院での毎日の礼拝で、私が担当したメッセージを中心にまとめたものです。抜粋されたものを読んでみると、自分で言うのも変ですが、不思議に新鮮な感動を覚えました。そこで、書物そのものを再読しました。二十年前の出版ですが、当時のことが思い出され、懐かしさが込み上げてきました。そんな折、いのちのことば社から出版のお話があり、この『心をいやす55のメッセージ』と、あと二冊からの抜粋を加え、大幅に手直しをし、新しく書き足したものも合わせて本書が完成しました。

自分の人生を振り返り、多くの人々の人生を知って思うことは、人生の質はだれと結婚し、どんな仕事に就くかによってかなり決まるということです。もちろん、未婚のままで人生を終える人もあれば、仕事のことは特に課題にならない人もあります。私の場合、かなり仕事中心の人生を歩んできました。したがって、本書では、家庭生活にも少し触れていますが、大部分は職業生活から得られた洞察が中心になっています。

母が看護師をしていた関係で、私はごく自然に医学の道を選びました。何科の医者になるかに関しては、あまり悩むことなく、精神科を選びました。人の心に興味と関心が向いたのだと思います。三年間のアメリカへの留学が一つのきっかけになり、ホスピスへの関心が強くなり、一九七三年、日本で初めてのホスピスプログラムを淀川キリスト教病院でスタートさせました。ホスピスでは約二五〇〇名の患者さんを看取りました。

私が初めて教会へ行ったのは大学二年生の時でした。親しい友人の強い勧めがあったからです。宣教師の先生のたどたどしいけれども熱心な日本語のメッセージと、高齢の女性の何とも言えない、柔らかい笑顔が印象的でした。罪のことがなかなか理解できませんでした。あるとき、宣教師の先生が、「罪は英語でSINといいます。Iが中心にありますね。自分中心が罪なのです」と言われました。妙に納得しました。教会へ通い出して五年目に洗礼を受けました。川の流れに身を沈める浸礼でした。牧師先生にお願いして、しばらく川の流れに身を沈めていたいと希望を述べました。今考えるとおかしいことなのですが、水の流れに身をゆだねていれば、罪が洗い流される感じがしたのです。牧師先生はこの願いを聞いてくださいました。三十秒ばかり水の中にいました。水から上がったとき、十一月のうすら寒い日でしたが、体はホカッと暖かかったことを思い出します。

本の題を「いのちを輝かせるもの」としました。「いのち」とは、具体的には存在の意味とか価値観などと言われますが、人のいのちは存在そのものが尊いものです。一人ひとりがもっているいのちが輝くためには、人のいのちに輝きを与える神へのしっかりとしたまなざしをもっていることが大切だと思います。本書の読者がいのちを輝かせるものへの思いを強くしてくだされば、幸いです。

目次

挿絵＝美馬里彩

Ⅰ　静まって主を仰ぐ

静まって神を知る

「静まって、わたしこそ神であることを知れ。
わたしはもろもろの国民のうちにあがめられ、
全地にあがめられる。」（詩篇四六・一〇、口語訳）

ある年の正月の休みに、ふだんなかなかゆっくり目を通すことのできない新聞に目を通しました。その中で非常に私の興味をひいた記事がありました。『モモ』という物語の作者であるミヒャエル・エンデが、「モモからのメッセージ」という題で書いたものです。

ミヒャエル・エンデも間接的に聞いた話だそうですが、何年か前に、中米奥地の発掘調査に出かけた研究チームの報告について書かれている文章です。調査団は必要な荷物を運ぶために、中米奥地の現地の人のグループを雇いました。完璧な日程表に基づいて、初日から四日間は、その人たちの従順な頑張りで日程どおりに事が運びました。ところが五日目になって、彼らが急に先へ行く足をぷっつりやめてしまったというのです。黙って全員が輪になって地べたに座り込んでしまい、梃子《てこ》でも動かない状態で、調査団は非常に困って賃金アップを提案したり、叱りつけたりしましたが、どうしても動きません。学者たちはお手上げの状態でとうとうあきらめました。ところが二日後に、突然その現地の人たちが同時に立ち上がり、荷物を担ぎだしたのです。学者たちはどうしてもこの理由がわからず、しばらくしてその人たちに、「どうしてあのような行動をとったのか？」という質問をしました。すると、このように答えたというのです。

「初めの四日間の歩みが速すぎてね、私らの魂が後から追いつくのを待っていなければなりませんでした。」

置き去りにしてきた魂が自分たちのところへ帰って来るまで、二日間静まって祈り、待たなければ、自分たちはどうしても行動できなかったというわけです。この言葉を聞いて、非常に忙しい管理社会の中にいる学者たちは、深く考えさせられたということです。

ここでミヒャエル・エンデは、「内的な時間、魂の時間に対する繊細な感情を私たちはとっくに殺してしまっているのではないか」という反省をしています。この文章を読み、私は非常に大きな教えを得たように思いました。少なくとも私自身の歩みを見たとき、いろいろなスケジュールに追われて、一番大切な魂を置き去りにしてしまっているのではないかと、とても反省させられたのです。

今『モモ』（大島かおり訳、岩波書店）の原作を読んでいますが、本の一部に時間ということについて、このような文章がありました。

「時間とはすなわち生活なのです。そして生活とは人間の心の中にあるものなのです。人間が時間を節約すればするほど、生活はやせ細ってなくなってしまうのです」（七五頁）。

この時間というのは、本当に大切な時間、静まる時間、人に親切にする時間、神様と対話する時間という意味があると思いますが、この時間を節約すればするほど、生活は痩せ細ってなくなってしまいます。この言葉は本当に大切な概念だと思います。

以前、淀川キリスト教病院にいたときのことです。T先生がたいへん忙しく、病院の朝の礼拝を欠席するつもりで廊下を歩いていると、当時院長だったブラウン先生と会い、「先生、礼拝に行かないのですか？」と尋ねられ、「いや、今ちょっと忙しいので」と答えました。すると、ブラウン先生は、「あなたは朝の十五分間のそんな短い時間を神様にささげることができないのですか？」と言い、T先生はその言葉が非常に心に刺さったと言っていました。

本当に短い毎朝の十五分間ですが、この朝のひとときはある意味で、私たちが日々置き去りにしがちな一番大切な、魂を待つ時間であるように思えます。短い十五分間に少しでも大切な魂の栄養素を得ることが、私たちの働きの中核を支えているのではないでしょうか。

先ほどの詩篇の「静まって、わたしこそ神であることを知れ」ということばのように、本当に神様を感じることができるためには、どこかで様々な忙しさから身を引いて、静まることが必要です。そして、そういうものがなければ、私たちの生活は痩せ細ってしまうのではないでしょうか。

礼拝出席の恵み

「あなたがたのからだを、神に喜ばれる、聖なる、生きたささげ物として献げなさい。それこそ、あなたがたにふさわしい礼拝です」（ローマ一二・一）。

私たちの教会に〝地区交わり会〟という集まりがあります。毎月一度、同じ地区から教会に来ている信徒が集まり、祈り・賛美・聖書の学びをした後、自由に交わりの時をもちます。メンバーは様々な年代の人がいて、信仰歴も長短があります。教会が大きくなると、一人ひとりの信徒の背景がよくわからなくなるものですが、地区交わり会は自由な話し合いの時間もあって、それぞれが悩んでいること、また恵みを受けたことなどを分かち合うことができます。

その交わりの会のとき、信仰生活の波ということが話題になりました。長い信仰生活には確かに波があります。救われてから十年になる人は、受洗当時にもっていた伝道への熱い思いが、いま少し冷えているのを反省していると言いました。受洗して間もないある会社員の人は、職場で自分がクリスチャンであることをまだはっきり言えないので、神様に申しわけないと言いました。

一人ひとりがそれぞれに信仰生活を闘っている姿がそこにありました。信仰生活において霊的なレベルが高いときと、少し低くなってしまうときがあるけれども、とにかく教会に連なることができていることは大きな恵みではないだろうかというのが、その日の結論でした。

洗礼を受けてあれほど喜んでいたAさんがいつのまにか教会に来なくなりました。ご家庭を訪問して、いろいろお話をうかがってみると、複雑な家庭事情があることがわかりました。私にはただ祈ることしかできませんでした。数年の後、Aさんは再び教会に出席し始めました。表情に輝きが戻りました。神様がAさんの心の奥に届いておられることがよくわかりました。教会から離れていた数年間、Aさんは霊的にダウンしてしまわざるを得ないようなつらい思いをしていたことでしょう。

私自身の場合を振り返ってみても、数十年の信仰生活の中で、文字どおり山あり谷ありでした。自分が霊的にダウンしているとき、人にはそれを隠すことができても、自分自身にはそのことがよくわかるし、何より神様が私たちの心の状態をすべて知っておられます。

霊的にダウンしているとはどのような状態を指すのでしょうか。私は、霊のアンテナの感度が鈍っている状態といえばわかりやすいのではないかと思っています。神様は様々な方法を通して私たち一人ひとりにご自身の愛を示し、訓戒を与えようとしておられます。目には見えないけれどもラジオやテレビの電波のように、いつも神様からのメッセージは私たちに届こうとしています。しかし、いくら神様からの愛の電波が降り注いでいても、それを受ける私たちの霊のアンテナが鈍っていれば、神様からのメッセージがはっきりした形で届きません。そんなときには、決断が困難になり、生活が消極的になります。簡単なことがなかなか決められません。そして決断を後に延ばす傾向が出てきます。さらに自分の行動に自信がもてなくなってきます。「するべき」だとわかっていることができなくなって、「したい」ことだけをしてしまうようになります。

私たちの心の中には「べき人間」と「たい人間」が住んでいます。自分が座っている電車の座席の前にご高齢の方や身体に不自由なところを抱えている方が立っているとき、席を替わる「べき」だという気持ちと、このまま座ってい「たい」という気持ちの葛藤が起こります。「べき人間」が勝てば席を替わることになるし、「たい人間」が勝てばそのまま座り続けることになります。このような日常生活の些細な決断から、人生における重大な決断に至るまで、私たちの心の中の「べき人間」と「たい人間」はいつも闘いを続けているのです。

聖書は私たちにするべきことと、するべきでないことを明確に示しています。しかし、聖書が教えている「するべき」ことをすべてできる人は、この世に一人もいません。そして弱い私たちは、するべきでないことをしてしまうのです。

信仰生活に山や谷があることは、避けることができないと思います。ただ谷を転がり落ちてしまって、どうしても這い上がれない状態になることだけは避けなければなりません。

私の勤めていた病院では、かつて春と秋に職員の修養会がありました。ある修養会のグループ別交わりの中で、ある職員が興味のある話をしてくれたことがあります。彼はクリスチャンではありませんでしたが、長年キリスト教病院に勤めていて、信仰には強い関心をもっているということでした。

彼によると、病院には四種類の人々が働いているというのです。「ホンクリ」「イチクリ」「デモクリ」「ノンクリ」だそうです。それぞれ、本当のクリスチャン、一応のクリスチャン、あれでもクリスチャンかと思われるクリスチャン、それにノンクリスチャンの意味です。さらに彼の観察によると、「ホンクリ」は規則正しい教会生活を送っているクリスチャン、「イチクリ」はとにもかくにも一応教会につながっているクリスチャン、「デモクリ」は洗礼を受けてはいるが、教会を離れてしまっている人たちだということです。

私は彼の話を聞きながら恐ろしくなりました。ノンクリスチャンの職員はクリスチャンの職員を非常によく見ているからです。「職場での証し」ということがよく言われますが、たとえ自分で「ホンクリ」と思っていても、「ノンクリ」の人に多くのつまずきを与えてしまうこともあり得るわけです。

たとえ教会に連なっていても霊的なダウンはあります。たとえ規則正しく礼拝を守っていても信仰生活には波が存在します。波が存在するということは信仰生活が持続している何よりの証拠ですが、できることなら、いつも霊的に高まった状態でいたい、いつも霊のアンテナの感度がよい状態でいたい、と願います。

人間の弱さをパウロはローマ人への手紙の中で見事に言い表しています。

「私は、私のうちに、すなわち、私の肉のうちに善が住んでいないことを知っています。私には良いことをしたいという願いがいつもあるのに、実行できないからです」(七・一八)。

クリスチャンは救われた罪人であると言われます。霊の目が開かれていないと、すぐに谷へ落ちてしまいます。現代社会はあまりにも目まぐるしく、忙しいものです。日常生活の中で静かに主と交わる時間をもつ信仰者にとって当然あるべき姿が、現代では一つの闘いなのです。

心身共に疲れると霊的にもダウンし、月に一度ぐらいは日曜日の朝寝をしたいという誘惑に遭うことがあります。その一方で、霊的に高まっているときは礼拝に行きたいという気持ちが自然に湧いてきます。礼拝を守ることが、いつも楽しみとして信仰生活の中に位置づけられれば理想的ですが、弱い私にはそれは難しいことのようです。

そうしたなかで、私が自分自身に言い聞かせていることが一つあります。それはどのような気持ちを抱いていても、とにかく聖日礼拝を守ろうということです。礼拝の中には信仰生活に必要なすべての要素が含まれています。祈り、賛美、聖書の学び、そして信徒の交わりがあります。沈んでいた心が聖歌隊の力強い賛美で慰められます。礼拝の後の短い交わりの時間に、様々な闘いの中で信仰生活を送っている方の姿に接して勇気づけられるときがあります。求めて聞けば、メッセージによってそのときのたましいの必要は必ず満たされます。

聖日礼拝を守ることはクリスチャンにとってごく当たりまえのことですが、それが現代では一つの闘いです。高校生と中学生にとっては、クラブ活動との両立の難しさがあるでしょう。

聖日の朝早く、私の母を含めて一家六人が揃って礼拝に出かけるときに、車を運転しながら、これが神様からの大きな恵みの時だと感謝にあふれたのを今も懐かしく思い出します。

積極的な態度

「信仰によって、アブラハムは、……どこに行くのかを知らずに出て行きました」（ヘブル一一・八）。

N・V・ピールの『積極的考え方の力』（相沢勉訳、ダイヤモンド社）は、教えられるところが多い本です。著者は、牧師・著述家・講演家として有名な人で、この本は一九五二年に発行され、世界三十三か国語に翻訳され、日本でもすでにたくさんの版を重ねています。ピールはこの本の中で、信仰に基づいた積極的な考え方について具体的な例を挙げています。

本の主題となっているみことばは、「私を強くしてくださる方によって、私はどんなことでもできるのです」（ピリピ四・一三）です。精神科医のカール・メニンガーは、「態度というものは事実よりもはるかに重要である」と言っていますが、ピールも、「私たちの直面するどんな事実も、たとえそれがどんなに困難であり、絶望的に見えた場合でも、その事実に立ち向かう心構えに比べれば、それほど重大ではない」と述べています。

そして、ある賢い黒人の例を挙げます。その人は多くの困難に打ち勝って、積極的に活き活きと仕事をしていました。どのようにして困難に打ち勝ってきたのかというピールの質問に対して、「私は最初まず困難の周りを回ってみます。もし回ってみることができなければ、その下へ潜ってみます。潜ることができなければ、それを跳び越してみます。跳び越すことができなければ、かきわけて抜けます」と答えたそうです。それから、「私は神とともにそれをかきわけて抜けるのです」と付け加えたということです。

私たちの人生には、様々な困難や試練が起こります。困難を乗り越えることができなくて精神的に疲れ果てた人たちの治療にあたると、やはり困難そのものよりも、その困難をどう受けとめるかという態度に問題があることがわかります。

背が低いことを思い悩み、それがきっかけでうつ状態になり、自死を図った大学生がいました。確かに背は低い人でした。背が低いという事実は彼には受け入れられなかったのです。彼はそれにこだわり続けました。悩みは深まり、自分を消す以外に道はないと思いつめ、大量の睡眠薬を飲みました。しかし家族が発見し、病院で胃洗浄をして事なきを得ました。

私は彼との治療関係の中で、背が低いということにこだわらず、自分に与えられている良い点に目を向けるよう説得を続けました。彼は、良い目・力強い腕・丈夫な脚をもっています。身体面だけでなく、敏感で同情深く、細かい配慮ができる心ももっていました。私との信頼関係が次第に深まったとき、近くの教会に行くことを勧めると、すぐにそれに従ってくれました。求道生活が始まり、やがて彼は病院へ来なくなりました。一年余り後に、彼の受洗をクリスマスカードで知りました。

それから数年の後、教会学校の教師研修会の講師として話を頼まれて、その教会へ行ったとき、受付で明るい笑顔で迎えてくれたのが、彼でした。背の高さは変わりませんでしたが、別人のようにはつらつとしていました。「悩み苦しむ者の毎日は悪いことのみ。心に楽しみのある人には毎日が祝宴」（箴言一五・一五）ということばがそのとき私の心に浮かびました。休憩時間に会場のロビーで彼はこう言いました。

「神様を知らなったときの私は、感謝することを知りませんでした。自分の欠点ばかりが目につき、自己嫌悪に陥っていました。でも信仰をもってから、自分自身を見る態度が変わりました。そして自分がどれほど多くの恵みを神様から受けているかがわかるようになりました。今では背の低さはもう気になりません。」

事実は同じでも、その事実をどのように受け取るかの態度によって、人の生き方はずいぶん変わってきます。うつ状態に陥る人は多く、その原因も様々ですが、治療が進むにつれてどんどん良くなっていく人と、なかなか良くならない人がいます。この両者の差は、症状に対する態度の違いにあります。それを具体的に説明してみましょう。

うつ状態に不眠と食欲不振は付きものです。治療がある程度進むと、まず食欲が出てきます。このとき、ある患者さんは、「おかげさまで食欲は出てきたのですが、まだ眠れなくて困っています」と言います。このような言い方をする人は回復が遅いのです。ある患者さんは、「まだ少し眠りは浅いのですが、でも、おかげさまで食欲が出てきました」と言います。このような人の回復は早いのです。二人とも食欲の改善と不眠の持続という点では同じことを言っていますが、心の姿勢に大きな違いがあります。前者は、食欲の改善というプラス面を一応感謝していますが、全体的には不眠というマイナス面に心が向いています。それに対して後者は、不眠というマイナス面よりも、食欲の改善というプラス面に心が向き、それを感謝する気持ちが強いのです。

人生におけるあらゆる出来事には、必ずプラス面とマイナス面があります。物事のプラス面に目を向ける姿勢は、人を積極的な生き方へと導きます。「すべてのことがともに働いて益となることを、私たちは知っています」(ローマ八・二八)というみことばを信じている人は、積極的に生きることができるのです。

私は左足を骨折して、三か月ほどギプスをまき、松葉杖の生活をしたことがあります。確かに不便でした。多くの人が同情してくださいました。しかし、私はこの期間中多くの恵みを受けました。行動範囲を狭くせざるを得なかったので、日ごろ時間がなくて読めなかった本をずいぶん読むことができました。ためてあった原稿も骨折のおかげで書き上げることができました。骨折という一見マイナスである出来事も、それをどう受け取るかという心の姿勢によってプラスに変わるのです。

何らかの試練に遭ったとき、われわれ日本人はすぐに真剣に考え込む傾向があるのではないでしょうか。韓国・台湾・アメリカの三国で医療奉仕をしたある医師が、それぞれの国のクリスチャンの特徴について話をしてくださいました。その先生によると、韓国は祈るクリスチャン、台湾は歌う（賛美をする）クリスチャン、アメリカは喜ぶクリスチャンだそうです。私は、「日本のクリスチャンの特徴は何でしょうか」と尋ねてみました。先生は、「さあ、考えるクリスチャンでしょうか」と言われました。

確かに日本人はよく考えます。新聞の案内欄にもよく、「……を考える会」というのが出ています。けれども、考えるだけで行動の伴わないことも多いのではないでしょうか。たとえば、アメリカでは「考えておきましょう」（I will think about it）という言葉は、「具体的な行動を起こしましょう」というプラスの表現ですが、日本では「たぶんだめでしょう」という消極的な意味であることが多いのです。

「いつも喜んでいなさい。絶えず祈りなさい。すべてのことにおいて感謝しなさい。これが、キリスト・イエスにあって神があなたがたに望んでおられることです」（Ⅰテサロニケ五・一六～一八）のみことばどおり、喜び・祈り・感謝はクリスチャンにとって、積極的な信仰生活を送るうえで欠くことのできない要素です。神様は、考え込んでしまって消極的になることを決して望んでおられません。

「しかし、自由をもたらす完全な律法を一心に見つめて、それから離れない人は、すぐに忘れる聞き手にはならず、実際に行う人になります。こういう人は、その行いによって祝福されます」(ヤコブ一・二五)と聖書は教えています。実際に行うためには、事がなるという信仰が必要です。「私を強くしてくださる方によって、私はどんなことでもできるのです」(ピリピ四・一三)とは、なんと確信に満ちた、積極的な信仰の姿勢であることでしょうか。慎重に事を運ぶことはもちろん大切です。しかし、慎重さという隠れ蓑を着て、なすべきことをしないことが日常生活においてどれほど多いかを、私たちは反省する必要があるのではないでしょうか。

初めて自転車に乗るとき、いくら慎重に考えてみても、まず乗り始めないと乗れるようにはなりません。手助けをする人も、乗り手がまず「乗る」という行動をとらないと、手助けのしようがありません。同様のことが私たちの信仰生活にもあてはまります。考え込んでしまって、じっと動かずにいると、神様はその人を導きようがありません。その人が主の導きを信じて動き始めたときに、主の導きの手がその人に差し伸べられます。

「信仰によって、アブラハムは、……どこに行くのかを知らずに出て行きました」(ヘブル一一・八)とあります。アブラハムを動かしたのは主の命令でした。主の召しを感じて消極的にならず、積極的にまず第一歩を踏み出すときに、主の導きの手は差し伸べられるのです。

「赦しの神」を見る

「たとえ、あなたがたの罪が緋のように赤くても、
雪のように白くなる。」（イザヤ一・一八）

「私の罪は世界一重いのです！」と叫ぶように言って、その中年の女性患者は大粒の涙をポロポロと流しました。長年の精神的な障がいのために私と治療関係をもってから、そのときすでに三年になってしまいました。不幸な過去を背負って教会を訪れ、洗礼を受けました。しかし、主にある平安は彼女には訪れませんでした。彼女には「ダメな自分」しか見えません。「赦しの神」が見えずに、「さばきの神」だけが見えてしまいます。

心の悩みをもって精神科の外来を訪れるクリスチャンの方々の治療にあたってきて、私はあるとき、その方々の中に一つの共通点があることに気づきました。それは、強すぎる罪意識です。救われるためには、まず自分が罪人であることを認めること、その罪は自分の力では克服できないと認めること、そして罪を悔い改めて神に立ち返ることが必要です。自分の罪を背負って十字

架上で死んでくださったイエス様を個人的な救い主と信じて受け入れるとき、私たちは罪から解放されます。神と人との関係を隔てている罪の問題が解決されないかぎり、私たちは神との正しい関係をもつことはできません。けれども、罪を悔い改めてクリスチャンになっても、罪の問題が本質的には解決されていないように感じてしまうことがあります。そのようなとき、人は悩みます。そして前へ進めなくなります。

前述の患者さんは、「私の過去は重すぎます。罪が重すぎて、神様も私を救うことがおできになりません。私は洗礼を受けましたが、私の罪は軽くなりません」と訴えました。本気になって悔い改め、イエス様におすがりするとき、その罪がどんなに重くても赦されるということが、彼女にはどうしても通じません。しかしそれでも、みことばは彼女を支えています。何度か自死を考えながら、それを踏みとどまらせたのは、「わたしは、あなたがたを捨てて孤児にはしません」（ヨハネ一四・一八）というみことばでした。

私は何とかして彼女に「赦しの神」を伝えたいと願いました。「私たちの神に帰れ。豊かに赦してくださるから」（イザヤ五五・七）や「御父は、私たちを暗闇の力から救い出して、愛する御子のご支配の中に移してくださいました。この御子にあって、私たちは、贖い、すなわち罪の赦しを得ているのです」（コロサイ一・一三〜一四）などのみことばが、神様は私たちを赦してくださるお方であることを伝えてくれます。

暗く重い過去をもち、洗礼を受けてクリスチャンになっても、何らかの出来事をきっかけにして救いと赦しの確信が揺らぎ、悩みを深める人がいます。「私は本当に救われているのでしょうか？」と尋ねる人がよくいます。霊的にも精神的にも安定しているときは、人はこのような疑問をもたず、恵まれた信仰生活を送ることができますが、精神的な疲れが出てきたとき、それが霊的な部分にも影響を及ぼすのです。

たとえば、職場でのストレスのためにうつ状態になった人は精神的にダウンするのみならず、霊的にもダウンします。救いの確信が揺らぎ、赦しの神が見えなくなり、さばきの神のみが見えてしまいます。このようなとき、ただ霊的なアプローチのみでは人はなかなか立ち上がれません。うつ状態には精神医学的な治療が必要です。一時的な軽いうつ状態の場合は、適切な精神医学的治療によって数週間で良くなります。しかし重症慢性うつ状態はなかなかやっかいで、精神医学的なアプローチと霊的なアプローチの両面から対処していく必要があります。

前述の患者さんは慢性反復性のうつ病で、ごく些細なことで精神的に落ち込んでしまい、家事もできなくなります。そのたびに彼女は、「神様はもう私をお捨てになりました。もう立ち上がれません。私はさばかれて、地獄に落ちます」と叫ぶように訴えます。そのたびに私は赦しの神の話をしました。ときには一緒に祈りました。すると彼女はようやく、生きる希望をもち始めます。そして二週間ほどはがんばります。けれどもまたダウンします。私は同じように神の赦しを説き、彼女は再び前向きに生きようと決心します。今度は三週間ほどがんばりますが、またダウン。このような繰り返しが三年間続きました。彼女のがんばりはやっと一か月半ほどに延びました。けれども、着実に延び続けるかというと、その保証はどこにもありません。

彼女はダウンすると必ず、「先生、私にはもう可能性はありません」と言いました。私はそのたびに、「あなたが今、可能性が見えない状態にあることはわかるけれど、あなたが自死しないかぎり可能性があると思います。だから私はあきらめません」と言います。彼女と私の間で使われる可能性とは、「平凡なクリスチャンの主婦」になる可能性のことです。彼女が立てたこの「平凡なクリスチャンの主婦」になるという目標は、彼女にとっては非常に高い目標なのです。家事が支障なくでき、聖日には礼拝を守る……この至極当然なことが彼女にはできません。少し精神的にダウンすると、彼女はすべてを投げ出して寝込んでしまいます。そして、こんな自分は決して神様に赦されないと言うのです。彼女には、彼女を赦し、「立ち上がって行きなさい」（ルカ一七・一九）と愛の御手を伸べてくださっている神様が見えません。彼女に赦しの神を見えなくさせているのは、慢性うつ病と、これまでの複雑な生活の歴史に根ざした性格でしょう。

彼女のうつ病は信仰の問題と密接に結びついています。抗うつ剤の投与と精神療法という通常の精神医学的アプローチだけではどうしても解決しません。霊的なアプローチが大切なのです。しかし、それが非常に難しいのです。

ある聖日、彼女は一年ぶりに聖日礼拝に出席しました。メッセージは罪とさばきについてでした。メッセージの中では救いについても多く語られましたが、彼女の心には、罪とさばきしか残りませんでした。彼女は落ち込み、数週間寝込んでしまいました。やっと立ち上がった彼女は、教会に行かなくても聖書だけは読もうと、いわば義務感にかられて聖書を読みました。そして同じ経験をしました。赦しの神が見えず、さばきの神のみが見えてしまうのです。

彼女は聖書を全体として読むことができません。聖書には様々なみことばが書かれていますが、聖書全体として神様が人間に伝えようとしておられるのは、福音すなわち「良き知らせ」です。「たとい、あなたがたの罪が緋のように赤くても、雪のように白くなる」（イザヤ一・一八）のみことばどおり、悔い改めて神様の救いを求めるとき、神様はどのような重い罪をも赦し、私たちに罪赦された者だけがもつことのできる主にある平安を与えてくださいます。

あるとき、彼女は私にこう言いました。

「先生、私はもしクリスチャンでなかったら、こんなに苦しまないでもよかったのではないでしょうか。」

それに対して私はこう言いました。

「もしあなたがクリスチャンでなかったら、もっと落ち込んでしまったかもしれませんよ。」

彼女にはそう感じられないかもしれませんが、私は、神様が彼女を支えておられるのを感じました。彼女は、「私は直接神様が見えないのですが、もし先生が神様を見ておられるのなら、私は先生を通して神様を見ればいいのですね」と言いました。この言葉を聞いて、私は治療者としての責任の重さを感じるとともに、人を通して神を見ることが私たちの信仰生活の中にはよくあるのではないかと思いました。「キリストの香りを放つ」と言われますが、そのような人は神様としっかりつながっており、その人を通して神様の存在が周りの人に伝わるのです。
なかなか困難なことですが、キリストの香りを放つ者でありたいと願っています。多くの人に対して忙しさや疲れを振りまくのではなく、神様の香りを振りまきたいものだと願います。私が神様としっかりつながっているとき、相手の人は私を通して神様を見ることができます。私が赦されていることの喜びをしっかりとつかんでいるとき、相手の人は私を通して赦しの神を見ることができます。

教会につながり始めた求道者が、クリスチャンの姿を見てつまずき、教会から離れてしまうことがあります。そんなとき、私たちは「人を見ないで神を見てほしい」と願います。クリスチャンといえども「救われた罪人」にすぎず、人をつまずかせてしまう多くの要素をもっています。しかし、「人を見ないで神を見てほしい」ということを、自分の信仰の至らなさの言い訳に使わないようにしたいものです。

パウロはピリピ人への手紙の中で、「私を倣う者となってください」(三・一七)と大胆に述べています。パウロの深い信仰を知っている私たちは、このパウロの言葉を決して傲慢とは受け取らないでしょう。パウロのように「私を倣う者となってください」と言うことができ、しかもそれが人々によって傲慢と受け取られないようなクリスチャンになりたいものです。そのような人を通して、人は神の赦しを見るのだと思います。

静かな時間

「私のたましいは黙って　ただ神を待ち望む。
私の救いは神から来る。」（詩篇六二・一）

午前中シトシトと降っていた雨が午後になってすっかり上がり、梅雨の合間の太陽が雲のすき間から遠慮がちに顔を出したある日のことです。

わが家の小さな庭には、水分を十分に含んで雑草がすごい勢いで伸びています。ツゲの木の間の雑草から引き抜きにかかりましたが、三十分も屈んだ姿勢を続けていると、腰が痛くなります。日ごろの運動不足を反省しながら、芝生に座って庭を眺めます。実に静かです。あじさいの花にアゲハチョウが戯れています。名はわかりませんが、濃紺のハチがクモの死骸を運んでいます。コスモスの緑の茎をアリが二列になって上下しています。小さな空間で植物と動物の静かな生が進んでいます。私は時の経つのを忘れて、これらの生に目を注いでいました。そして、この静かな時間をとても貴重に感じました。

臨床医という人間相手の仕事を続けていると、ときにはもの言わぬ自然とのふれあいがたまらなく欲しくなります。よく人に「ストレスはどのようにして解消しておられますか？」と尋ねられますが、私はいつも躊躇なく、「草抜きです」と答えます。尋ねた人は一瞬けげんな顔をされますが、説明をすると、わかってくださいます。「草抜き」というのは、私の庭仕事のいわば象徴的な表現であって、庭木の剪定や植え替えなども含みます。

しかし私が本当に大切に思っているのは、庭仕事で汗をかいたあと、庭のどこかに座り込んで、静かに周りの自然を眺めている時間なのかもしれません。この静かな時間は、少し大げさな表現かもしれませんが、私にとっては神様との対話の時間なのです。自然の営みの中に神の存在を確認し、静まりの中で神への思いを馳せるのです。

忙しい日々の中で、静まって黙想のうちに神様との対話の時間をもつことの難しさを痛感します。語学の天才といわれる河野与一氏は随筆の中で、「語学というものは、興味だの関心だの義務だの覚悟だので取り押さえようとしてもむだです。要は『空ッポの時間』です。何にも使えない時間、もしくは使えないことにきめた時間を持つことです」と書いておられます。語学と信仰を同一に論じることはできませんが、この「空ッポの時間」をもつことは信仰生活の上で特に大切であるように思います。神様との対話以外には使わないことに決めた「空ッポの時間」を私たちはどれほどもっているでしょうか。

目まぐるしく変化する現代社会の中で、人々は静まる時間を着実に失いつつあります。常に何らかの刺激がないと時を過ごせない人々が、増加しています。ひとりきりになることが耐えられず、常にだれかと一緒にいなければ不安になる人も多いのです。

ある不安神経症の人は、数年間ひとりで電車に乗ることができませんでした。車中で気分が悪くなることが不安なのです。家族や友人と一緒だと平気で乗れます。「自分でも不思議なのですが、ひとりではどうしてもだめなのです」とその患者は言います。この人は夜、周りが静かになると、不安感が強くなります。それで床に就くまで、テレビをつけっぱなしにしておくということです。この人は、クリスチャンの友人に誘われて教会へ通い始め、半年ほどして信仰をもちました。受洗とともにひとりでいることの不安は次第に薄れ、数か月後にはひとりで電車に乗れるようになりました。夜の静かな時間も、不安な時間から祈りの時間に変わりました。

この人の不安は、そばにだれかいることで、ある程度軽減しました。横の関係が存在することで、人の不安や孤独感は確かに軽くなります。しかし、もっと深いレベルで人間がもつ不安感や孤独感は、神様との関係、すなわち縦の関係がしっかりしていないと、決して根本的には解決しないのです。縦の関係をしっかりと保つためには、神様との対話が大切です。

淀川キリスト教病院にホスピス設立の幻が与えられたときに、毎週「ホスピス祈禱会」をもち、神と人とに愛されるようなホスピスを建て上げることができるようにと祈りました。神様は私たちの祈りに応えてくださり、ホスピスは一九八四年四月に設立され、そのケアをスタートしました。

そのホスピス祈禱会で、私たちはよく「対話の祈り」をしました。十名ばかりのメンバーが集まりますが、祈りの課題は特に決めません。最初に祈る人も決めないし、祈る順序も決めません。最後に祈る人だけを決めます。祈りの時間が始まると、みんな黙禱の姿勢をとります。静かな時が流れます。この時間が貴重なのです。神様からの語りかけに静かに心を傾けます。数分の静まりの後、祈りを導くことを示された人が最初に祈ります。祈りの締めくくりは、通常の祈りのように「イエス様の御名によって祈ります。アーメン」とは言いません。最初に祈った人の祈りを聞き、その祈りに対して自分はどう応答し、どう祈るべきかを残りのメンバーは静かに黙想します。先の祈りと対話し、神様と対話するのです。人の祈りとの対話は、いわば横の関係であり、神様との対話は縦の関係です。

しばらくの静かな時の後に、二番目の祈りが始まります。その祈りは一番目の祈りと無関係ではありません。一番目の祈りを心に留め、神様との対話の後に示されたことを祈るのです。このようにして祈りは三番目、四番目へと続いていきます。そして最後に祈る人は、それまでの祈りを一つのまとまった祈りとして、「イエス様の御名を通して祈ります。アーメン」と締めくくります。他のメンバーも「アーメン」と唱和します。

ある日の祈禱会で、最初の人が一人の患者の救いについて祈りました。しばらくの静かな時の後、二番目の人は、教会での伝道会のテープを患者さんに聴いてもらうことを示されたと祈りました。再び静かな時が流れました。神様が一人ひとりの心に届いておられることがよくわかりました。三番目に祈り始めた看護師は、これまでためらいがあったけれども、明日思い切って自分の信仰の証しをしたいと思うので、強めてくださいと祈りました。みんなが心を合わせて静まるとき、その中に神様は確実に働いてくださいます。「二人か三人がわたしの名において集まっているところには、わたしもその中にいるのです」（マタイ一八・二〇）というみことばを、私はこの対話の祈りの中で実感しました。

ホスピスのケアがスタートし、感謝なことに、何人かの方が病床で洗礼を受けられました。その最初のお二人は共にかなり進行した癌のため、様々な治療にもかかわらず回復の可能性のない方々でした。共に自分の病状をよくご存じでした。病床にあって、朝の礼拝の放送を聴き、昼の賛美歌と聖書の時間の放送に耳を傾け、病院牧師の訪問を受けているうちに、次第に神様への目を開いていきました。しかし、お二人が信仰をもつに至った最も大きな理由は、病床における静かな時間ではなかったかと思います。静かなホスピス病棟で、お二人は静かに神様と対話なさったのではないかと思うのです。

病床伝道に携わっておられるある牧師が興味深い話をしてくださいました。「忙しい現代人は毎日目前の問題と周りの人に心を奪われ、前と横を向いて生活しています。上を見上げることはしません。しかし、病気になって入院し、ベッドに寝ていると、必然的に上を見ることになります。上、すなわち天の父なる神様を見る姿勢ができあがっているので、病床伝道はとても実りが多いのです」と。

確かに私たちは上を見上げることが少ないのです。世の雑事に追われ、対人関係の難しさに圧倒され、自然を眺める心の余裕を失っています。空を仰いで、そのかなたにある世界に思いを馳せる心の広がりをなくしています。「神はまた、人の心に永遠を与えられた」（伝道者三・一一）というみことばがありますが、現代人は永遠を思う心を培う静かな時をもっと大切にする必要があるのです。

臨床医として多くの患者さんに接してきて、自分自身も含めて日本人は忙しすぎるとつくづく思います。入院するまで、ただがむしゃらに働いてきた人が多いのです。ホスピスの静かさに戸惑う患者さんもいます。病気で入院すると、必然的に静まらざるを得ないわけですが、私たちは元気なころから、もっと静まる時をもたなければならないのではないでしょうか。「心の中で語り床の上で静まれ」（詩篇四・四）とありますが、静まることは神様からの命令なのです。

朝目覚めたときに、朝食の前に、昼食の前に、昼休みに、夕食の前に、床に就く前に、あるいは床の上で、人それぞれの生活のパターンに合わせて静まる時をもつ必要があります。スイスの有名な精神科医ポール・トゥルニエは、朝決まって一時間静思の時をもったそうである。彼が来日したときに、「忙しいからこそ、静まる時間は私にとって大切なのです」と言っていました。現代人に必要な静まる時間の大切さを、見事に表現した言葉です。

喜びの生活

「これは主が設けられた日。
この日を楽しみ喜ぼう。」（詩篇一一八・二四）

一九八四年四月にホスピスがスタートしたとき、私の生活は大幅に変わりました。常時、二十名前後の患者さんが入院していますが、いつ状態が急変するかもわかりません。早朝でも深夜でも、連絡があればホスピスへ駆けつけます。どこへ出かけるときでも、ポケットベルを持っていきます。重症の患者さんが一人でもいると、心が落ち着きません。一日二十四時間、いつも勤務態勢にあったわけです。

そんな日々の中で、ときどきすべての患者さんの状態が落ち着く時がありました。ある土曜日はそんな日でした。数か月ぶりに、夕方になる前に帰宅できました。日暮れ前に風呂にどっぷりとつかります。一日の疲れが新しい湯の中に染み出ていくように感じます。忙しい毎日を送っているると、このような静かな時間がとてもありがたく感じました。生きている喜びをかみしめるひと時でした。

湯舟の中で私は、Mさんのことを思い出していました。Mさんがホスピスに入院して来たのは、真夏の暑い日でした。かなり進行した肝臓癌で、強い痛みがありました。食欲もなく、体も相当弱っていました。余命二、三か月と思われました。

Mさんもそのお連れ合いもクリスチャンで、二人とも病名も病状もよく知っていました。鎮痛剤がよく効いて、Mさんは一時とても元気になりました。しかし、それが一時的なことであることは、Mさんにもお連れ合いにも、私たちスタッフにもよくわかっていました。それがわかりながら、Mさんは一日一日を喜んで過ごそうとしました。毎朝ホスピスのチャペルで祈り、好きな絵を描き、音楽を聴き、ホスピスのいろいろな行事に積極的に参加しました。病院のクリスマス祝会にも車椅子で参加し、痩せ細った手で懸命に拍手を送っていました。顔の表情はとても穏やかで、目が澄んでいました。

年末には衰弱が進み、寝たきりになりました。回診で病室に行ったとき、Mさんは、「先生、長い間お世話になりました。ホスピスでの生活は楽しかったです。でも、神様は、もういいかげんにこちらへ来いと言っておられるようです。私も、ぼつぼつ天上へ行きたいと思います」と淡々と言いました。Mさんは立派に死を受容していたのです。私は、「神様、あなたが最もふさわしいと思われるときに、最もふさわしい方法でMさんを召し上げてください」と祈りました。

新年になって三日目に、Mさんは安らかに神のみもとに帰りました。六十二歳でした。

告別式が終わり、少し落ち着いてからお連れ合いがホスピスへ挨拶に来ました。そのとき、「主人は症状が落ち着いてから、本当に余生を喜んで楽しみました」と言いました。Mさんは信仰をもって、死を見つめ、日々を楽しく過ごそうとしたのです。

死が間近に迫っていることを感じながら、人は楽しんで日々を送ることができるでしょうか。死がすべての終わりだと思っている人にとっては、それは不可能かもしれません。死が新しい世界への出発であることを信じている人にとってのみ、それは可能なのでしょう。

「これは**主**が設けられた日。この日を楽しみ喜ぼう」（詩篇一一八・二四）と聖書にあります。私たちが過ごしている一日一日は、主が設けられた日々です。主から与えられた日々なのです。しかし、その一日一日をどのように過ごすかは、私たちの自由意志に任されています。何するとなくただブラブラと過ごす一日も、何かに燃えて懸命に生きる一日も、すべて主が設けられた一日です。

「この日を楽しみ喜ぼう」と聖書の記者は勧めます。しかし、主が設けられた日を楽しみ喜ぶことができるためには、心が解放されていなければなりません。それは罪からの解放であり、死からの解放です。

「光は　正しい者のために蒔かれている。
喜びは　心の直ぐな人のために。

正しい者たち。主にあって喜べ。
その聖なる御名に感謝せよ。」（詩篇九七・一一～一二）

「楽しみ、喜ぶ」とは、あくまで「主にあって」喜ぶことです。この世の喜びや、楽しみには必ずむなしさがつきまといます。

ホスピスで多くの人々の人生の総決算に参加させていただいて感じたことは、患者さんにとっての一日一日は、元気な時の数か月、ときには数年に匹敵するほどの濃度をもっているということです。その人のそれまでの人生が、一日一日に凝縮された形で現れます。

しかしよく考えてみると、それはすべての人にあてはまることです。私たちはすべて、やがて死すべき末期患者です。神様の目から見れば、余生が数十年でも数年でも、数か月であっても、それは大きな差ではありません。大切なのは、私たち一人ひとりが一日一日を本当に主にあって喜んで生きているかどうかということなのです。主によって召し上げられるまで、主が設けられた日々を、主にあって喜んで生きていきたいと願っています。

目を上げて仰ぐ

「私は山に向かって目を上げる。
私の助けは　どこから来るのか。
私の助けは主から来る。
天地を造られたお方から。」（詩篇一二一・一～二）

大切なことを人に伝えたいと思うとき、私たちは、よくたとえ話を用います。聖書の中に数多くのたとえ話が書かれているのも、神の愛や信仰の姿勢について、私たちにわかりやすく説明するためであると思います。牧師のメッセージでも、多くのたとえ話が語られるでしょう。先日、私たちの教会の牧師が聖日礼拝の説教で話したたとえ話がとても印象深く心に響いたので、そのことについて話してみたいと思います。

牧師はある本に、綱引きに勝つ方法について書かれていたことを話しました。この本の著者は、全国綱引き大会で何回も優勝した経験のある綱引きの指導者です。綱引きに勝つための第一の条件は、綱を引く力の強い人と弱い人を交互に配置することだそうです。そうすることによって、チーム全体の引く力が最大になるとのことです。第二の条件は、常にみんなが注意して、綱がまっすぐになっているかどうかをチェックし、どこかで綱が歪んでいることがわかれば、すぐに修正することです。まっすぐな綱で、引く力が大きくなります。第三の条件は、みんなが上を見て、綱を引くことです。まっすぐに前を見て引くほうがいいのではないかと思いますが、実際は上を見て引くほうが、力が出るそうです。最後、第四の条件は、みんなが揃って声を上げることです。声に合わせて、集中して、綱を引くとき、強い力が生まれるということです。

牧師は、この綱引きに勝つ四つの条件は教会形成にも大切ではないかと話しました。第一条件は、やや無理があると感じましたが、教会でも強い信仰をもっている人と、弱い人が交互に座れば、弱い人は強められ、強い人は人の役に立ったと思えるのではないかというのです。第二条件は、素直なまっすぐな信仰をもてるように、みんなで祈り、心がけることが大切だということ。第三条件は、いつもしっかりと上（神）を見て、日々を過ごすということ。第四条件は複数の人がしっかりと声を出して祈るということ。

私はこの牧師のメッセージを聴きながら、上を見ることの重要さについて、思いを巡らしました。忙しい毎日を送っている現代人の視線は水平方向にのみ向いているのではないでしょうか。職種によって違うとは思いますが、一日の大半の時間、パソコンに向かっている人も多いでしょう。書類との格闘に時間を過ごす人、人との応対が主な人、いずれも視線は水平方向です。前を見ているだけでなく、ときには横を見たり、後ろを振り返ったりすることもあるでしょうが、視線はいつも水平方向です。唯一の例外は「天を仰ぐ」時かもしれません。国語辞典には「嘆いて、神に訴えるように顔を上方へ向ける」とあります。

日常生活の中で上（神）を見ることが、本当に少ないのではないでしょうか。私の人生を振り返ってみると、しっかりと上（神）を見たことが二回ありました。それは二度の入院生活でした。化膿性咽頭炎と肺炎でそれぞれ二週間の入院でした。両方とも仕事の無理の結果、免疫力が低下したものと思われます。ベッドに横になり、じっと上を見る生活をしました。そして様々なことに思いを馳せました。仕事のこと、家族のこと、信仰生活のこと、過去のこと、将来のこと……。

その結果、反省したことは、上を見ることが十分でなかったことでした。教会生活は忠実に守っていましたが、普段の生活の中で聖書に親しむことが十分でなかったことです。退院後しばらくは、たとえ短い時間でも、聖書を読むことを心がけていましたが、人間は弱いもので、時間が経つにつれて、その習慣が崩れ始めました。反省し、また目を上げる決心をしました。

冒頭のみことば、詩篇一二一篇一節と二節は目を上げることの重要さを教えています。目を上げて私は山々を仰ぐ、とありますが、当然のことながら、詩篇の記者は、山々のはるか向こうにおられる神に対して、まなざしを向けています。その結果、天地を造られた主のもとから助けが来るのです。目を上げないと助けは来ないのです。少なくとも一日に一度はしっかりと目を上げて仰ぐ習慣を身につけたいものです。

Ⅱ　人間の弱さと神の愛

喪失体験の中から

「私にとって生きることはキリスト、死ぬことは益です」（ピリピ一・二一）。

病気という体験は喪失体験だと思います。Aさんは四十五歳のサラリーマン。交通事故で大腿骨が折れ、腰までギプスで固定され、歩くことはもちろん、寝返りも不自由です。「歩けないことがこんなにつらいとは思いませんでした」とAさんはしみじみと言いました。Aさんは、「歩く」という、それまでごく普通のことと思っていたことを失ったわけです。

以前、B君が胃潰瘍の手術をしました。術後数日間、何も食べられませんでした。彼は、「食べられないことが、こんなにつらいことだとは思わなかった」と私に言いました。B君は、「食べる」という、文字どおり日常茶飯事、当然のこととしていたことを失ったわけです。

病気で入院するということは、歩けないとか、食べられないとかの身体的な機能の喪失のみならず、温かい家庭生活の喪失や、職業生活・社会生活の喪失も伴います。臨床医として毎日働いていたときに、健康が与えられていることの恵みをつくづく感じさせられました。「歩けさえすれば……」「食べられさえすれば……」と願う患者さんがどれほど多いことでしょうか。

病気になることが一方的に失うことばかりなのかというと、決してそうではありません。病気は喪失体験であると同時に、その人の受け取り方によって獲得体験にもなります。私は数年前、足の骨折のためギプスをはめ、しばらくの間安静を余儀なくされたことがありました。その間、日ごろ時間がなくて読めなかった本をずいぶん読むことができました。聖書も普段より、よく読めました。また、入院中の患者さんの気持ちが、それまでよりもよくわかるようになったと思います。これらは、私が病気を通して獲得したことです。

前述のB君は一か月足らずの入院生活でしたが、大切なことを獲得しました。それは、禁煙と規則正しい生活習慣です。主治医からタバコの害について聞かされた彼は、それまでに何度か試みた禁煙に成功しました。また、不規則な生活と胃潰瘍の関係を認識した彼は、食事と睡眠に気をつけるようになり、職場に復帰してからはとても元気になりました。その後、同窓会で会ったときにB君は、「病気をしたおかげで、ずいぶん得をした」とはればれした顔で言っていました。

B君よりもずっと大きな獲得をしたのはAさんでした。Aさんは、入院するまではほとんど信仰に関心がありませんでした。建築会社の課長として多忙な毎日を送っていたAさんは、自分の生活に満足していました。教会へ行く人は、大きな問題を抱えている人か、弱い人だと思っていました。ベッドに寝たまま退屈な日々を送っていたAさんは、病室のスピーカーを通して、毎朝の礼拝メッセージに耳を傾け始めました。また、賛美歌とわかりやすい聖書の話から成るお昼の放送も熱心に聴き始めました。そして枕もとに置かれている聖書を読み始めました。主治医も担当の看護師もクリスチャンであることがわかり、Ａさんは次第に求道の心をもち始めました。そして病院牧師がＡさんの病室を訪れるようになりました。そのようにして、入院中にＡさんの心にはしっかりと福音の種が蒔かれたのです。

退院後、家の近くの教会に出席し始めたＡさんは、お連れ合いを教会に連れて行くようになりました。そして半年後、二人揃って受洗したのです。病院牧師への手紙の中にＡさんは、「もし私が入院していなかったら、おそらくイエス様とは出会っていなかったでしょう。なぜ自分が事故になど巻き込まれたのだろうと、初めは加害者を恨みましたが、今ではむしろ感謝していています」と書いています。Aさんは入院することによって、一生の宝である信仰を獲得したのです。

何かを喪失する代わりに別のものを獲得するというのが、私たちの人生です。学校を卒業して社会人になるとき、学生同士という親しい友人関係を喪失します。しかし、職場において責任を伴う人間関係を獲得します。結婚によって、親子関係と住み慣れた環境を喪失しますが、夫と妻という人間関係と新しい家庭という環境を獲得します。何かを手に入れるためには何かを手放す必要があります。それには勇気と決断が必要です。

一般的にいって、すべての喪失体験は人間に悲哀の感情を起こさせます。失恋は文字どおり恋を失うことです。好意を抱いている人との別れは、だれでも悲しいものです。その悲しさに耐えられなくて、うつ病になったり、自殺したりする人もいます。しかし、多くの人は、失恋をきっかけにして人間としての成長を遂げます。その人にとっては、失恋は人間としての成熟への一過程となります。友人を失うこと、家族を失うことも同様ではないかと思います。

病気、失恋、失業などは確かに喪失体験ですが、それは一時的であり、心の傷がいやされると、また生きる勇気が湧いてきます。しかし、末期癌のように治癒が困難な病気の場合はどうでしょうか。それは喪失体験（しかも生命を失うという）だけであって、何も獲得するものはないのでしょうか。決してそうではありません。一人の患者さんを通して私はそのことを学びました。

Cさんは五十六歳の主婦。乳癌の手術を受けましたが、二年後に再発し、全身の骨と肺に転移がありました。Cさんは病名も病状もすべて知っていて、ホスピスでのケアを希望して入院して来ました。家では痛みのためほとんど寝たきりの生活を送っていましたが、ホスピスに入ってから、鎮痛剤がよく効いて痛みがほとんどなくなり、自由に歩けるようになりました。毎日が痛みとの闘いで、ほかのことは何も考えられなかったCさんにとって、痛みからの解放はとてもありがたいことでした。

同じ病室の同病の患者さんがクリスチャンで、Cさんに信仰を勧めました。初めはあまり関心を示さなかったCさんに少しずつ変化が見えてきました。やがて自ら牧師さんに来てほしいと望むようになりました。病院牧師の導きでCさんは洗礼を受けることができました。このころには肺の転移巣が広がり、ときどき呼吸が苦しくなることがありましたが、受洗後は精神的にもずいぶん平静になりました。そして葬儀のこともご主人と話し合いました。体の衰弱は日ごとに進み、息苦しさのために酸素吸入が必要になりました。Cさんは自然な姿で神様のもとへ行きたいと強く希望したため、点滴はしませんでした。

朝早くホスピスから電話があり、Cさんの呼吸が浅くなり、血圧も下がり始めたとのことで、私は洗面もせずホスピス病棟へ向かいました。「Cさん！」と耳もとで呼びかけた私の声に反応して、Cさんは目を開きました。「よく頑張りましたね！」と手を握って言うと、Cさんはかすかにほほえんで、「ありが……」まで言って、あとは言葉になりません。私が行くのを待っていてくれたかのように、十五分後に亡くなりました。静かな、安らかな死でした。「きれいな死に顔や……」とご主人がぽつんと言いました。

「先生、ほんとうに長い間お世話になり……」、あとは涙と嗚咽《おえつ》になりました。私はしばらくご主人の肩に手をかけていましたが、何も言わず、一礼して病室を出ました。

ホスピスがスタートして、多くの方が死を前にして、病床で洗礼を受けました。それは、ホスピスのスタッフの多くがクリスチャンで、また病院の牧師や伝道部の方々もよく協力してくださっていたからでしょう。しかし、私はもっと大きな理由があるように感じました。それは、人生の総決算の場において、患者さん自身が神に対して心を開くということです。そして、その奥には、死という、とてつもなく大きな力をもつものへの恐れがあります。信仰についてこれまで考えたこともなかった患者さんが、不治の病になり、死の床に横たわるとき、死そのものに対する恐れだけでなく、死への過程で経験する苦痛に対する恐れと、死後の世界への恐れも加わってきます。

死を自覚した人が信仰に目を開くのは当然のことかもしれません。迫りくる死に対して解決を与えるのは、近代医学でもなければ、人との温かい人間関係でもありません。人は結局ひとりで死を迎えなければなりません。末期の患者さんがイエス・キリストを「主」として受け入れるのは、これから自分が体験しようとしている死を、イエスがすでに体験し、しかも復活して、今も自分とともにいてくださるということを素直に信じられるからだと思います。死にゆく人々は、これまで着けていた地位や名誉や財産というすべての衣を剝がされて、たましいが裸になっていますそれだけに福音に対して敏感になっているのです。

死は確かにこの世の生の喪失です。しかし、死の床にあって主を受け入れることができれば、永遠のいのちを獲得することができます。

「私にとって生きることはキリスト、死ぬことは益です。」

Yさんの好きだった聖句が心に響きます。

「不可能」を「可能」に変えるもの

「あなたがたが祈り求めるものは何でも、すでに得たと信じなさい。そうすれば、そのとおりになります」(マルコ一一・二四)。

ある講演会でとても興味深い話を聞きました。靴のメーカーが、アフリカに靴を輸出することができるかどうかを調査するために二人の調査員を派遣したということです。一人の調査員は、「皆裸足。望みなし」と回答しました。もう一人は、「皆裸足。望みあり」と回答しました。前者は、皆はだしで歩いているアフリカの人たちを見て、こんなところに靴を輸出することはとうてい不可能だと判断しました。後者は同じ現象を見て、裸足で歩いている人たちがみな靴を履くようになったらすばらしい市場になると判断したのです。

全く同じ状況でも、その見方によって判断の仕方は異なります。私はこの話を聞いて、一つのみことばを思い起こしました。

「信仰は、望んでいることを保証し、目に見えないものを確信させるものです」（ヘブル一一・一）。

私たちはともすれば現実のみに目を奪われ、目に見えるものだけで物事を判断します。特に絶望的な状況に置かれたときには、たとえクリスチャンであっても、気落ちし、とても立ち上がることができないと感じることもあります。厳しい現実を直視することはとても大切なことですが、クリスチャンとして、いつも主にある幻《ビジョン》をもっていることはそれ以上に大切です。

皆が裸足で歩いている。だれ一人靴を履いている人がいない。これは、靴の輸出を考える市場調査員には厳しい現実です。ところが、一人の調査員はその現実を見て、もし裸足で歩いているこの人たちがみな靴を履くようになったら……という幻をもちました。彼の目には、何年か後、自分たちの会社が輸出した靴を履いて歩いている人の光景が浮かんでいたのかもしれません。

信仰とは目に見えないものを確信させるものである、と聖書は教えています。ある教会の献堂式への招待状をいただきました。教会の方々は熱い祈りとともに、「もしみこころならば必ず建つ」という確信をもって計画を進め、その信仰に神様はお応えになり、資金面でも十分な献金が与えられたということです。そのことを知って、私も主の御名を賛美しました。日本各地の献堂式の記事を読むたびに、そのためにどれほど多くの祈りがささげられ、人々が具体的に献金されたかを思います。この教会の献堂宣言に、「私たちは今、恵みにより、感謝と喜びをもって、主の御名によりこの教会堂を御前におささげいたします」とありました。十年間、教会員の一人ひとりが幻として描いていた教会が建て上げられたのです。感謝と喜びは大きいことでしょう。幻が現実になったのですから。

ヘブル人への手紙一一章には、「信仰によって……」という言葉が二十二回も出てきます。信仰によって箱舟をつくったノア、信仰によって行き先を知らないで出て行ったアブラハム、信仰によって子を与えられたサラらの生涯が書かれています。これら信仰の先達の生き方を見ると、人生の大切な節目において彼らが「信仰によって」その方向を決定したことがよくわかります。まだ見ていない事柄について警告を受けたとき、ノアは信仰によって箱舟を造りました。多くの人々にとってはノアの行動は理解できず、ばかげたことと思えたに違いありません。

信仰によって起こされる行動は、ときには世間の常識とずいぶん掛け離れていることもあります。しかし、それがみこころにかなうものであれば、神様はその行動を先に立って導いてくださるのです。

Nさんは四十代半ば、有名な建設会社の設計課長。まじめな性格で、責任感が強く、上司からも部下からも信頼を得ていましたが、仕事の無理がたたって肝炎になり、数か月会社を休まねばならなくなりました。Nさんにとっては入社以来初めての長期欠勤でした。幸い治療が早かったので、肝炎はすっかり治りました。しかし、Nさんはどうしても会社に復帰する気になりませんでした。気力が湧かず、気分が沈んで、夜も寝られなくなってしまいました。一日中いらいらして、物事に集中できず、テレビを見る気もしません。自分でもおかしいと思い、精神科を訪れました。症状から判断して、典型的なうつ病でした。

うつ病の患者さんにはかなり共通した性格傾向があります。まじめ、几帳面、責任感が強い、融通が利かない、などです。Nさんはこのうつ病性格をもっていました。仕事一筋に打ち込んできた人が、何らかの環境の変化でうつ病になることがあります。「栄転うつ」とか「引っ越しうつ」とかいわれるものがそれです。Nさんの場合は、肝炎という身体的な病気がうつ病の引き金となったのです。

Nさんの治療はあまり順調に進みませんでした。精神療法と抗うつ剤の投与にもかかわらず、Nさんのうつ気分はなかなか晴れませんでした。このようななかで、Nさんは一日中ぼんやりといろいろのことに思いを巡らせました。大学へ入学するために、あらゆることを犠牲にして受験勉強に精出した高校時代。人生の目標など面倒くさいことを考えることなく、アルバイトに精出した大学生活。仕事のことしか考えなかったサラリーマン生活。いったい自分はこれまで何のために生きてきたのか、自分はこれから何を目標に生きていけばよいのか。Nさんはうつ病の体験の中で、初めて人生について真剣に考え始めました。Nさんのこれまでの生活は、人生について考える暇もないほど忙しかったのでしょう。

Nさんはある日、ひとりで椅子に座って庭を眺めていたとき、ふと教会に行ってみようと思ったといいます。診察室で私が教会へ行くことを何度か勧めていたことも関係したかもしれません。小学生のころ日曜学校に通っていたNさんにとって、教会の敷居はそれほど高くありませんでした。教会で語られるメッセージが、渇いていたNさんの心を急速に潤しました。そして三か月後、Nさんは洗礼を受けました。そのころにはNさんのうつ病は治癒していました。元の会社に復職すると思っていた私に、Nさんは言いました。

「会社は辞めます。何かもっと神様に喜ばれる仕事をしたいと思います。今、何をしたらいいのか具体的にはわかりませんが、祈っています。神様はきっとみこころを示してくださるでしょう。」

将来を約束された安定した職場をNさんは捨てました。しかも、何をするか具体的に決めないで。常識的に考えれば、これは無謀ともいえる決断です。けれども、Nさんは信仰によってこの決断をしました。その後しばらくして、宣教師のバイブルクラスの手伝いを始めたとのNさんからの便りがありました。私は、神様がNさんのこれからの人生をきっと導いてくださると信じています。

アメリカの心理学者が、「うつ病は創造的な病である」“Depression is a creative illness”と言っています。うつ病と聞けば、暗い非創造的な側面しか考えませんが、うつ病にも創造的な側面があります。うつ病になることによって初めて自分の人生を見つめ直し、そこから本当の創造的な人生に再出発する人もいます。Nさんのほかにも、うつ病をきっかけにしてクリスチャンになり、全く新しい生き方を始めた人が少なくありません。

うつ病という望みをもちにくい状況においても、常識的にはとても達成できそうにない目標であっても、信仰によって祈りつつ進むとき、みこころであれば神は必ず祈りに応えてくださいます。

冒頭のみことば、「あなたがたが祈り求めるものは何でも、すでに得たと信じなさい。そうすれば、そのとおりになります」は、なんと慰めに満ちた言葉でしょうか。世間の常識に支配されず、祈りに裏打ちされた単純な信仰をもって生きていきたいものです。

弱さの中にこそ！

「私は、キリストの力が私をおおうために、むしろ大いに喜んで私の弱さを誇りましょう」（Ⅱコリント一二・九）。

毎年多くの方々から年賀状をいただきます。「謹賀新年」や「賀正」という字だけが印刷されているのは何となく心寂しく思います。家族の一人ひとりの近況が書かれているのはほほえましく感じます。そして患者さんからいただくのは特別嬉しく思います。まだ通院中の方もいれば、すでに病気から解放された方もいます。あるとき、かつて私の患者さんであったお二人の方から、数年ぶりに年賀状をいただきました。

一人は長い間うつ病に悩んでいた女性で、大学時代に発病し、就職してからもたびたびうつ病が出て、仕事を辞めざるを得なくなりました。数年にわたる治療期間の中で、私は彼女に教会へ行くように勧めました。彼女は一年ばかりの求道生活の後に洗礼を受けました。受洗後も数回、かなり重症なうつ状態に陥り、寝込んでしまうことがありました。

うつ病の原因はまだよくわかっていません。信仰さえしっかりしていればうつ病になど罹らないと思っている方もあるようですが、私の経験ではどうもそう簡単には言えないように思います。どんな立派なクリスチャンでも風邪をひくように、強い信仰をもった人でもうつ病になることがあります。

この患者さんの場合、年に数回うつ状態に陥ることが五年ほど続いていました。いわゆる慢性反復性のうつ病でした。そんな彼女に結婚の話がもちあがりました。相手の男性は同じ教会のクリスチャンだといいます。彼女はそれまで結婚はできないものと思っていました。私自身も、将来はともかく今の状態での結婚は無理だろうと思いました。

彼が私に直接会って彼女との結婚の相談をしたいということで、会ってみると、しっかりした信仰をもった好青年でした。彼女は自分の病気の歴史をすべて彼に話していました。それでも彼は良いとのことでした。私は、今の状態では結婚は少し早いと思うこと、将来何度もうつ状態が来る可能性が高いことを彼に伝えました。けれども、彼の決心は固かったのです。二人は結婚して地方の都市に住むようになり、私と彼女との治療関係は途絶えました。

三年目に来たその年賀状には、「新年あけましておめでとうございます。長い間ご無沙汰しております。先生のおかげで結婚生活に踏み出すことができ、今では二歳になる子どもにも恵まれ、幸せな日々を送っていることをいつも神様に感謝しております。結婚以来うつは姿を消しました。私の弱さの中に神様が働いておられるように思います。春には二人目が生まれる予定です」と書かれていました。このような形でうつが姿を消すのは珍しいことです。結婚生活が彼女に張りを与えたためなのかもしれません。けれども私は、彼女が書いている「弱さの中に働かれる神」のことを強く思いました。

もう一枚の年賀状には、一家四人の笑顔が光っています。彼女もしばらく私の患者でした。クリスチャンでしたが、職場での人間関係がもとで強度の不安神経症になり、一歩も外へ出られない日が何か月も続きました。薬物療法と精神療法で少しずつ良くなっていきましたが、電車に乗れるようになるまで数年かかりました。彼女が、アルバイトができるまでに回復したとき、牧師の紹介で他教会のクリスチャンとの交際が始まりました。神様の導きがあって、一年後に二人は結婚することになりました。彼女の神経症はまだ治療の持続が必要だったので、私は、彼女の結婚先の近くの医者に紹介状を書くことにしました。

それから四年が経って、彼女の年賀状には、「主の御名をほめたたえます。今も一年、二人の子育てに明け暮れそうですが、神様が愛情深く私たちを守っていてくださることが少しずつわかってまいりました。弱い私ですが、神様はその私の弱さの中に働いてくださいます。先生が紹介してくださったS先生には、今も二週間に一度診ていただいています。先生のご活躍をお祈り申し上げます（Ⅱコリント一二・九）」とありました。

彼女の心の病はまだ完全に治ってはいません。しかし、一家の主婦として夫を支え、二人の子どもを立派に育て、忠実な教会生活を送っています。そして、弱さの中に働かれる神様に対する忠実な信仰をもっています。彼女は年賀状の最後で、彼女を支えている聖句を私に教えてくれました。コリント人への手紙第二、一二章九節、「しかし主は、『わたしの恵みはあなたに十分である。わたしの力は弱さのうちに完全に現れるからである』と言われました。ですから私は、キリストの力が私をおおうために、むしろ大いに喜んで私の弱さを誇りましょう」というみことばです。

「わたしの力は弱さのうちに完全に現れる」というのは、なんと慰めと希望に満ちたみことばでしょうか。一人目の患者さんは、うつ病という弱さの中で神の愛に触れ、救われました。彼女が弱さを経験しなければ、一生救いにあずかることができなかったかもしれません。二人目の患者さんは、神経症という弱さを今ももち続けています。けれども、神様はその弱さの中に働いて彼女を支えておられます。もし信仰がなければ、彼女の弱さは日常生活に影響を及ぼし、家事も、十分な子育ても不可能でしょう。

病気になって心身共に弱くなることは、全面的なマイナスの経験と考えられやすいのですが、多くの患者さんに接していると、決してそうとも限らないことを教えられます。病気を契機にして、人間的に大いに成長する人、謙虚さを身につける人、他人への思いやりを増す人などがいるからです。けれども、病気という弱さを通して神の愛を知って救われる人を見ることほど嬉しいことはありません。

星野富弘さんの詩画集『風の旅』(立風書房)の中に次のような詩があります。

よろこびが集まったよりも
悲しみが集まった方が
しあわせに近いような気がする

強いものが集まったよりも
弱いものが集まった方が
真実に近いような気がする

しあわせが集まったよりも
ふしあわせが集まった方が
愛に近いような気がする

この詩には、弱さを経験し、その弱さを信仰によって乗り越えた人しか表現できない、すばらしい世界があります。私はこの詩の中にも、「弱さの中に現れる神」を見ます。

もう一つの詩を紹介したいと思います。「病者の祈り」というこの詩は、ニューヨーク大学リハビリテーション研究所の壁に刻まれています。名もない一患者の作です。

大事をなそうとして
力を与えてほしいと神に求めたのに
慎み深く従順であるようにと
弱さを授かった

より偉大なことができるように
健康を求めたのに
より良きことができるようにと
病弱を与えられた

幸せになろうとして
富を求めたのに
賢明であるようにと
貧困を授かった

世の人々の賞賛を得ようとして

権力を求めたのに
神の前にひざまずくようにと
弱さを授かった

人生を享楽しようと
あらゆるものを求めたのに
あらゆることを喜べるようにと
生命《いのち》を授かった

求めたものは一つとして与えられなかったが
願いはすべて聞きとどけられた
神の意にそわぬ者であるにもかかわらず
心の中の言い表せない祈りはすべてかなえられた
私はあらゆる人の中で
もっとも豊かに祝福されたのだ

私は、この詩を講演の中で幾度か引用しました。話を終えたとき、必ず二、三人の方が、詩を書き留めておきたいと言って私のところへ来られます。この詩には、弱さの中に働かれる神様への信仰が見事に表現されています。私たち一人ひとりがもっている「弱さ」を神様から授かったものとして受けとめ、与えられている恵みと祝福を率直に感謝できる信仰をもちたいものです。

人の怒りと神の怒り

「怒っても、罪を犯してはなりません。憤ったままで日が暮れるようであってはいけません」（エペソ四・二六）。

私は子どものころから、動物を飼うのが好きでした。特に犬が好きで、これまでの人生を振り返ってみても、わが家に犬がいなかったのはアメリカへ留学した三年間のほか、ほんのわずかです。

その私にとって、犬の死はとても悲しいものです。あるとき、十年近く家族の一員であった愛犬が死にました。できるだけ早くまた犬を飼いたいと思っていたところ、間接的に、近所の家で子犬をもらってほしいという話を聞き、早速もらってきました。生後一か月という茶色の子犬はとてもかわいく、将来良き番犬になってほしいとの願いを込めて、「バン」と名づけました。バンはたちまち一家のアイドルとなり、六人の家族の腕から腕へと回されていきました。

ところが、みんなが相手にしている間は良いのですが、問題は夜でした。母犬から離された不安をむき出しにしたような切ない声で鳴き始めるのです。家内や子どもが抱いていると鳴きやみますが、下に置くとたちまち火がついたように鳴き出します。一日目は仕方なく娘の部屋でなんとか夜を過ごしました。娘は、三時間ほどしか寝られなかったと、次の朝眠い目をこすりながら起きてきました。二日目は家内が犠牲になって、居間でバンと一緒に夜を過ごしました。三日目は長男でした。四日目から、一家の睡眠不足は極に達し、バンを戸外に出すことにしました。夕方から眠り始め、深夜の三時か四時になると甲高い声を出して鳴きます。近所迷惑になるので、起きて行ってしばらく抱いてやりました。その間は鳴きやみますが、しばらくして下へ置くと、また鳴き出します。睡眠不足の日が三日間続き、私はとうとうバンに腹を立てるようになりました。

わが家に来てから六日目の夜中の三時半ごろに、例の甲高い声で私は起こされました。急に怒りが込み上げてきました。私は庭に出て、バンを押さえつけてかなり強く叩きました。「キャンキャン」と恐怖に怯えたような声を出し、尾を後ろ足の間に巻き込んで犬小屋の奥に逃げ込みました。私は、少し強すぎたかなと思いながら床に就きました。

次の日から、私に対するバンの態度が明らかに変わりました。それまでは病院から帰って小屋のそばに行くと、小さな尻尾を振ってじゃれついてきたのに、私が近づくとあわてて小屋の奥に逃げ込んでしまうのです。家内や子どもたちには甘え声を出してじゃれます。私はなんとか元どおりバンと仲良くしたいという気持ちをもっていますが、怒りをぶつけられた記憶がどうもバンの頭の中に残っていて、私に対する拒否反応となっているようです。

バンが家の中に入ろうとしたとき、しつけが大切だから、と「バン、だめ！」と言って頭を叩いていた長男には、バンはよくなついていています。私は長男に、「おまえも叩いていたのに、なぜお父さんにはなつかないのだろう」とやや不満げに言いました。すると彼は、「怒りをぶつけて叩く場合と、しつけようとして叩く場合との差を、バンはきっと敏感に感じているんだと思う」と答えました。私は、これにはまいったと思いました。まさに彼の言うとおりでした。私は夜中に鳴き続け、人の睡眠を妨げるバンに怒りを覚え、感情的になって叩きました。それは「しつけ」ではなく、「感情をぶつける」ことでした。

以前、教会の教育講演会で「子どものしつけ」について話をしたとき、私は「しつける」ことと、「感情をぶつける」こととの違いを強調しました。その話を聞いていた長男は、バンに対する私の態度を見て、やや皮肉まじりに、「人には偉そうに言えても、自分で実行するのは難しいものですね」という意味を込めて言ったのだろうと思います。

子犬でさえもこれほど敏感に人の感情を汲み取ります。まして人間の子どもは、親の心の動きを実に鋭敏にとらえているのです。親の心に平安があれば、それはそのまま子どもに伝わり、親のいらだちは子どもをもいらだたせます。聖書（リビングバイブル）に、次のようなみことばがあります。

「両親にもひとこと言っておきます。子どもを、いつもうるさくしかりつけて反抗心を起こさせたり、恨みをいだかせたりしてはいけません。かえって、主がお認めになる教育と、愛のこもった助言や忠告によって育てなさい」(エペソ六・四)。

子どもをしつけることは親に課せられた重大な責任です。しかし、しつけることはそうたやすいことではありません。うるさくしかりつけることはしつけではありません。むしろそれは、子どもに反抗心を起こさせたり、恨みを抱かせたりします。しつけとは、みことばにあるように愛のこもった教育です。忍耐をもって冷静に与える助言や忠告です。「やめなさい」というひとことの響きが、どれほど違った影響を子どもに与えることでしょう。

怒りを抑え切れない腹立ちがその言葉に秘められているとき、子どもは決して「しつけられた」とは思わないで、「ああ、また叱られた」と感じるだけです。いらだちとともに発せられた「やめなさい」という言葉に、子どもは反抗心を起こします。静かに、しかも力を込めて、「これからしつけるぞ」という気持ちをもって「やめなさい」と言うとき、子どもは親の気持ちを敏感に感じ取り、「しつけられた」と思うのです。

私たち罪深い人間は、頭の中では感情的になってはだめだとわかっていても、言うことをきかない子どもに向かって、つい感情的な言葉遣いをしてしまいます。そのあと、あの気まずい、いやな雰囲気が親と子の間に流れ、親はしきりに反省をします。数日の間反省の効果は続きますが、再び同じ失敗を繰り返します。これが現実の親の姿でしょう。

自分の子どもに良い人間になってほしいと願わぬ親はいないでしょう。その願いゆえに親は子どもをしつけようとします。そして失敗をします。父なる神と子なる人間との関係のひな型は、人間の親子関係に見られるとよく言われます。しかし、両者の間で決定的に違う一つのことがあります。それは、人間に対する神様の訓練には、決していらだちが伴わないということです。神様は聖書のみことばを通して、多くの訓練・助言・忠告を与えておられます。それらは限りない愛に裏打ちされています。それらは静かに、力強く、しかも効果的に私たちに迫ります。それでも、心の鈍い私たちは、神様の忠告の真意がなかなかわからず、愚かな間違いを続けてしまいます。

「幼子の教師だ、と自負しているなら、どうして、他人を教えながら、自分自身を教えないのですか」(ローマ二・二〇～二一)と聖書は私たちに訓戒します。その訓戒は適切で的を射ていたものです。弁解の余地はありません。私たちがなすべきことは、自らの至らなさを自覚し、祈りつつ、聖書の教えを守ろうとすることです。

神様は人間に感情を与えてくださいました。感情には、嬉しいとか楽しいとかというような陽性感情と、悲しいとか腹が立つとかというような陰性感情があります。そして人間にとって難しいのは、陰性感情をどのように処理するかということです。その中でも怒りや腹立ちをどうコントロールするかは、人間にとって大きな課題です。「怒りを遅くする者には豊かな英知がある。

気の短い者は愚かさを増す」（箴言一四・二九）と聖書にありますが、人間の怒りには、必ず自己中心性といらだちがあります。ところが、神の怒りにはそれらがありません。神の怒りは明らかな目的をもちます。それは、みこころが成るためです。「主の怒りは、その心の御思いを行って成し遂げるまで去ることはない」（エレミヤ二三・二〇）ということばがありますが、まさに主の怒りは、みこころが成し遂げられないような事態に対して起こるのです。

安息日を律法的に解釈し、それを破るイエスを訴えるためにその行動をじっと見ていたパリサイ人たちに、イエスは、「安息日に律法にかなっているのは、善を行うことですか。それとも悪を行うことですか。いのちを救うことですか。それとも殺すことですか」（マルコ三・四）と言われました。これに続いて聖書には、「イエスは怒って彼らを見回し、その心の頑なさを嘆き悲しみながら、その人に『手を伸ばしなさい』と言われた。彼が手を伸ばすと、手は元どおりになった」（同五節）と書かれています。イエスの怒りは、パリサイ人の頑なな心に向けて起こりました。怒りとともにイエスの心に起こったのは嘆きでした。人を治すというみこころにかなった行為に対して、安息日だからといってその行為を否定し、訴えようとするパリサイ人の心に、イエスは怒りと嘆きを感じられました。それでも、そこには自己中心性といらだちはありませんでした。

人間は感情の動物であると言われます。怒りを感じない人間はいません。大切なのは、心の中に起こってきた怒りをどうするかです。「怒っても、罪を犯してはなりません。憤ったままで日が暮れるようであってはいけません」とあります。怒りをもつことは罪ではありませんが、それをぶつけるのはやはり罪になるのではないでしょうか。怒りの根源にある自己中心性に気づき、祈りのうちにそれからの解放を願いつつ日々の生活を送っていくとき、神様は少しずつ、私たちに怒りを治めることができる力を与えてくださるように思います。

「闘う」信仰と「ゆだねる」信仰

「腰には真理の帯を締め、胸には正義の胸当てを着け、足には平和の福音の備えをはきなさい。これらのすべての上に、信仰の盾を取りなさい」（エペソ六・一四〜一五）。

病院での臨床の日々を送っていたときには、物事を深く考えるためのまとまった時間を捻出《ねんしゅつ》するのはとても難しいことでした。そんななかで、教会関係の奉仕や学会などで上京する際の新幹線の三時間ほどはとても貴重でした。電話のベルに思考を途絶えさせられることなく、一つのことを考えることができました。考え疲れると、車窓を流れる景色をただボーッと眺めました。

ある日、そうやって窓から外を見ていて一つのことに気がつきました。点在する家々が自然に溶け込んで建っているということです。山間《やまあい》のくぼ地に、森の陰に、谷間の傾斜地に、家々が周りの自然に寄り添うように建っているということです。私はその家々を見ながら、三年間の留学生活を送ったアメリカの景色を思い出しました。飛行機の窓から下を見ると、砂漠を思わせる広大な茶色の平原が広がっていました。そのところどころに真四角の緑の区画が点々と見えました。

その一つ一つの緑の真ん中に一軒の家がありました。それはまさに自然と闘って建て上げた家でした。

家の建て方一つを取ってみても、日本とアメリカではこれほど違います。自然に溶け込み、自然に寄り添う日本の文化と、自然に挑戦し、自然を支配しようとするアメリカの文化は、それぞれの国の歴史と風土の中から生まれたものでしょう。そしてそれは、信仰の姿勢にも影響を与えているように思われます。寄り添う信仰と闘う信仰です。その地域や風習に溶け込んで伝道している日本人牧師と、考え方や習慣の違いと闘いながら開拓伝道をしている宣教師との差を思います。

新幹線の車中での連想は続きます。イギリス人医師を案内して奈良の古寺を訪れたとき、こんもりとした森の中にひっそりと建っている寺を見つけるのに、私たちは苦労しました。その寺は樹々の中に隠れるように建っていました。数年前イギリスを旅行して、カンタベリー大聖堂を訪れたときのことを思い出します。平らな土地に建てられた聖堂はかなり遠くからもはっきりと見えました。さらに近づくと、その尖塔《せんとう》は高く空に向かって伸び、聖堂全体が辺りを支配している観があります。信仰の象徴である聖堂の差も興味深いものがあります。自然に溶け込んでいる日本の神社や寺と、自然を支配するかのように建っている欧米の教会との差は、やはりそれぞれの国民の宗教感情の差につながるのでしょう。

極地の冒険家で有名な植村直己さんが記者会見で語った言葉が、印象深く私の脳裏に残っています。記者が、「極地では自然との闘いが大変でしょうね」と言ったのに対し、植村氏は、「自然と闘うのではなくて、どのようにして自然に溶け込むかに一生懸命です」と答えました。とても日本人的な言葉だと思います。

事故のため身体の自由を失った星野富弘氏の『風の旅』（立風書房）の中に、「渡良瀬川」と題する小文があります。小学生のころの体験を綴ったものです。川の浅瀬で遊んでいた彼ははずみで中央に行き過ぎ、速い流れに流されてしまいます。元のところへ戻ろうと必死で手足をバタつかせますが、ますます流れに引き込まれていきます。そのとき、彼はいつも眺めていた川の流れる姿を思い出します。深いところは青々と水をたたえていますが、それはほんの一部で、あとは白い泡を立てて流れる、人のひざくらいの浅い所の多い川の姿でした。それを思い出して彼は元へ戻ろうとするのをやめて流れに身を任せました。しばらく下流に流されて足で川底を探ってみると、そこはもう彼の股《もも》ほどもない深さのところでした。

彼は続けて次のように書いています。

「怪我《けが》をして全く動けないままに、将来のこと、過ぎた日のことを思い、悩んでいた時、ふと、激流に流されながら、元いた岸に泳ぎつこうともがいている自分の姿を見たような気がした。そして思った。

『何もあそこに戻らなくてもいいんじゃないか……流されている私に、今できるいちばんよいことをすればいいんだ』

その頃から、私を支配していた闘病という意識が少しずつうすれていったように思っている。歩けない足と動かない手と向き合って、歯を食いしばりながら一日一日を送るのではなく、むしろ動かないからだから、教えられながら生活しようという気持ちになったのである。

……そして、なにげなく読みすごしていた聖書の一節が心にひびきわたった。

『あなたがたの会った試練はみな人の知らないようなものではありません。神は真実な方ですから、あなたがたを耐えることのできないような試練に会わせるようなことはなさいません。むしろ、耐えることのできるように、試練とともに、脱出の道も備えてくださいます。』（コリント人への手紙第一、一〇章一三節）」

私たちの教会では毎水曜日の夕方、聖書研究祈禱会をもっています。七人の役員が順番に聖書研究を担当します。あるとき私は詩篇の一一九篇を担当しました。そしてこの詩篇の箇所から、闘う信仰とゆだねる信仰（寄り添う信仰、溶け込む信仰という側面ももつ）について学びました。詩篇の記者は、この両方が大切であることを私たちに教えています。

「私はいかなる悪の道にも 足を踏み入れません。あなたのみことばを守るためです」（一〇一節）とありますが、神のみことばを守るためには、悪の道に足を踏み入れないという、闘う信仰が必要です。また、「あなたは私の隠れ場 私の盾。私はあなたのみことばを待ち望みます」（一一四節）という聖句もあります。神様は、世の荒波から私たちを守るため隠れ場を備えてくださいます。私たちのすべきことはその隠れ場に寄り添い、信仰をもって主の導きに自らをゆだねることです。迫害に対しても、主は盾となって私たちを守ってくださいます。

闘う信仰とゆだねる信仰は両方とも大切です。「信仰の戦いを立派に戦い、永遠のいのちを獲得しなさい」（Ⅰテモテ六・一二）というみことばと、「あなたの道を主にゆだねよ。主に信頼せよ。主が成し遂げてくださる」（詩篇三七・五）というみことばは一見矛盾するようですが、両方とも大切な信仰の姿勢を示しているように思います。神様が私たちに望んでおられるのは、闘うべき時には闘い、ゆだねるべき時にはゆだねる、バランスのとれた信仰生活なのです。しかし、弱い私たちはしばしば逆のことをしてしまいます。すなわち、闘うべき時に闘わずに妥協してしまい、ゆだねるべき時に人間的なエゴむきだしの闘いをしてしまうのです。

自分にとって不都合なことが起こってきたとき、それを神様が与えておられる試練であると受け取らずに、何とか自分の力で乗り切ろうとし、そして、もがけばもがくほど事態が余計に複雑になることがよくあります。それはあたかも、前述した星野少年が流れに逆らって元へ戻ろうとし、ますます苦しくなるのと似ています。しかし神様が備えておられる脱出の道を信じてゆだねるときに、心に平安が与えられるのです。

私たち日本人は、和を重んじる国民性をもっているとよく言われます。このこと自体別に悪いことではありませんが、この傾向は、ときにはしなければならない闘いをせずに妥協をするという弱さにつながる場合があります。「この世と調子を合わせてはいけません。むしろ、心を新たにすることで、自分を変えていただきなさい。そうすれば、神のみこころは何か、すなわち、何が良いことで、神に喜ばれ、完全であるのかを見分けるようになります」（ローマ一二・二）というみことばは、闘う信仰の重要性を教えています。弱い私たちは、クリスチャンといえどもこの世と調子を合わせ、世俗的な生活を送りがちだからです。

目まぐるしく変わる現代社会においては、様々な価値観が錯綜《さくそう》しています。人々の生活は多様化し、この世的な考え方は教会の中にもどんどん入ってきています。そして現代人への伝道には現代的な方法が必要だとよく言われます。月刊『いのちのことば』（一九八二年十一月号）に掲載された「福音の空洞化現象」の中に、「ソフトなフォーク調の賛美に若者を酔わせ、カウンセリングという美名の下に福音がいつのまにか心理的な聖書の説明となって空洞化している」という指摘があったのを思い出します。そこでは、「教会は『神がご自身の血をもって買い取られた神の教会』であることを再度、現在の教会の置かれた状況の中で把握したい」と結ばれていました。

誘惑の多い現代社会において、サタンは様々な方法でクリスチャンの信仰生活を空洞化しようとしています。「悪魔の策略に対して堅く立つことができるように、神のすべての武具を身に着けなさい」（エペソ六・一一）というみことばにあるように、現代社会においては、やはり立ち向かう信仰が要求されているのかもしれません。真理の帯、正義の胸当て、それに信仰の盾を取って信仰生活を全うしたいものです。

Ⅲ　人生の実力

内的集中と外的解放

「ですから、私たちは落胆しません。たとえ私たちの外なる人は衰えても、内なる人は日々新たにされています」（Ⅱコリント四・一六）。

あるとき、長野県で日本キリスト者医科連盟の集まりがあって、そこで多くの学びをすることができました。特に、講師として来られた上智大学の哲学の教授で、ドイツ人のリーゼンフーバー先生が「内的集中と外的解放」についてのお話をされたのが、非常に印象深く心に残りました。「内的集中」とは、自分のうちに起こってくる様々な思いに一生懸命注意を向ける、集中して考える、集中して思索する、黙想する、といった意味です。「外的解放」とは、「内的集中」によって蓄積されたエネルギーを外へ向かって解放する、わかりやすく言えば、行動する、ということです。豊かな人生を送っていくためには、どうしてもこの二つのバランスが必要だということでした。

先生のお話をうかがいながら思い浮かべたのは、マザー・テレサの働きです。まさに彼女の存在の全体が「内的集中」と「外的解放」のバランスが見事にとれた例だったのではないかと思います。彼女の本を読んだり、写真やビデオを見たりして、とても真似できないと思ったのは、午前中に三時間祈ったということです。あの忙しい生活の中で、毎日修道女たちと一緒に、朝三時間の祈りをささげていたというのです。三時間集中して祈るには、相当なエネルギーが要ります。「内的集中」がなければ決してできることではありません。

私も毎日、朝起きたときにひとこと、「きょう一日、神様によって守られますように」というどちらかと言うと自己中心的な祈りをしますが、三時間の祈りはとてもできません。

そういう「内的集中」があってこそ、あのすばらしい働き、「外的な解放」と呼ばれるものが出てきたのでしょう。多くの貧しい人々や死に至る人々に仕え、また身寄りのない小さな子どもたちに仕え、「そういう貧しくつらい思いをしている人たちの間に、私自身は神の姿を見る」という言葉を残して、マザー・テレサはこの世を去ったのでした。

私たちは忙しく毎日動き回っています。でも「外的な解放」ばかりを続けていると、必ず燃え尽きて《バーンアウト》しまいます。バーンアウトの最も大きな原因は、働き過ぎというよりもむしろ内的な集中の時間を取っていないところにあるのではないかと思います。

よく「たまにはボーッとすることも大切だ」とか「十分休むことが大切だ」と言われます。それも確かに大切です。でも「内的集中」というのはただボーッとしていることではなくて、自分の心にしっかりと意識を向けて集中して考えるという作業です。そのためにはやはりかなり時間が要ります。ときには日常生活から退いて、どこかそういうことができる場所に自分の身を置くことも必要でしょう。一年のうちに一週間くらい充電期間をつくって、どこか静かなところで自分の人生を振り返り、「内的集中」をすることができればと思います。

でも、もっと大切なのは、毎日毎日の生活の中で、短い時間でも「内的集中」ができるような静かな時間をもつことです。冒頭のみことばの「内なる人」は非常に魅力的な表現です。「外なる人」「内なる人」という対比もすばらしいと思います。私たちの身体は年を取り、疲れていきますが、しっかりとした信仰をもって日々を過ごしていくとき、内面は日ごとに新しくされていきます。これはやはり「内的集中」の産物ではないでしょうか。

朝目覚めたらすぐに動き回らなければならず、なかなか自分のペースで動くことができないという人も多いと思います。他の人たちのペースに合わせなければならない。少し立ち止まりたいのだけれども、動かされてしまう。そういう立場に置かれているかもしれません。そのようなことを続けていると本当に疲れきってしまう、弱りきってしまうということが起こるのではないでしょうか。

一日十分でも十五分でも静かに祈る時間、聖書を読む時間をもつ。そういうことを通して「内的集中」を積み重ねていくことが、豊かな人生を送るうえで、バランスのとれた生活を送るうえで大切なことではないかと思います。

集める人生、散らす人生 Ⅰ

「神はあなたがたに、あらゆる恵みをあふれるばかりに与えることがおできになります。あなたがたが、いつもすべてのことに満ち足りて、すべての良いわざにあふれるようになるためです。『彼は貧しい人々に惜しみなく分け与えた。彼の義は永遠にとどまる』と書かれているようにです」（Ⅱコリント九・八〜九）。

忙しい日々の中でも、人生をあらためて振り返ってみる時間も必要ではないでしょうか。よく患者さんのご家族や患者さんご自身が「振り返ってみると幸せな人生でした」と言われることがあります。ところが周りの方にうかがってみると、実は山あり谷ありで、非常に大変な時期もあったということを知ることがあります。

幸せな人生であるか不幸せな人生であるかは、一概に決めることはできません。それは幸せ、不幸せが非常に主観的な感情だからです。また人生には、他人から見て幸せだと感じる、いわゆる「客観的幸せ」と、その反対の「客観的不幸せ」があるのではないかと思います。

一〇一歳で天に召された私の母の人生を私なりに振り返ってみると、非常に不幸な、大変な時期と、まずまず幸せであったなと思える時期がありました。

私は人生を黒と白の縞のマフラーにたとえて考えます。黒は人生の不幸、白は幸せを表します。マフラーの柄は様々で、前半が真っ黒で後半が真っ白だったり、黒と白が交互に織りあげられていたり、最初の三分の一が黒、次の三分の一が白で、あとの三分の一がまた黒というものもあります。それを陳列棚に並べると、それぞれ趣があります。

人生というのは完全に真っ白、完全に真っ黒というものはありません。割合はそれぞれ違うけれども、黒と白が織り混ざっているのが人生ではないかと思います。

人生にはまた、「集める人生」と「散らす人生」があるように思います。多くの方々と接していて、そう感じるようになりました。

「集める人生」というのは、少し悪い言葉で言えば、「自分のために生きる人生」です。たとえば、お金を集めるために生きている、知恵を集めるため、経験を集めるために生きているなど、周りから様々なものを集めながら送る人生です。

多かれ少なかれ皆そういう面をもっているとは思いますが、「散らす人生」を生きている方もおられます。自分がもっている技術や才能、持ち味を一生懸命他の人のために散らしながら生きている。集めるのではなくて、散らす人生を送っている方もおられるのです。

「受容能力」について研究している精神医学者や心理学者がいます。「受容能力」というのは、自分にとって不都合なことが起こったときに、その不都合さの中にも人間として生きている証しを見ることができる力です。多くの研究によると、どうも「散らす人生」を送ってきた方のほうが、「集める人生」を送ってきた方よりも受容能力が高いようです。たとえば不治の病だとわかったとき、これは非常に不都合なことですが、その中で人間として生きていくことができるのは前者のほうが多いようです。

私たちは完全に散らす人生を送ることはできません。それは人間の限界なのです。この世に存在した人の中で唯一、百パーセント完全に「散らす人生」を送られたのがイエス・キリストではないかと思います。イエス・キリストは、自分のためではなくて人々のために生きた人です。冒頭のみことばは、イエスの「散らす人生」を非常に印象的に描いています。

「彼は貧しい人々に惜しみなく分け与えた。彼の義は永遠にとどまる。」

集める人生、散らす人生Ⅱ

「私が伝えたいことは、こうです。わずかだけ蒔く者はわずかだけ刈り入れ、豊かに蒔く者は豊かに刈り入れます。一人ひとり、いやいやながらでなく、強いられてでもなく、心で決めたとおりにしなさい。神は、喜んで与える人を愛してくださるのです。神はあなたがたに、あらゆる恵みをあふれるばかりに与えることがおできになります。あなたがたが、いつもすべてのことに満ち足りて、すべての良いわざにあふれるようになるためです。『彼は貧しい人々に惜しみなく分け与えた。彼の義は永遠にとどまる』と書かれているようにです」(Ⅱコリント九・六～九)。

人間の心理や考え方を調べる方法はいろいろありますが、ときどき神経科などで患者さんの状態を知るために文章完成テスト（SCT：Sentence Completion Test）を行うことがあります。テストの用紙には、たとえば「私は自分がいやなところを……」とか「私の母親は……」という書き出しの部分だけが書いてあって、あとは空欄になっています。そこに患者さんが続けて文章を書き、医師がそこから患者さんの性格や考え方を調べるというものです。

私は若いころ、少しそれに関心をもってしばらく研究をしたことがあります。もし「私の……人生」というように人生の前が空欄になっている文書完成テストの用紙を渡されたら、皆さんはどういう言葉をお入れになるでしょうか。私も人生を振り返って何か書いてみようと試みたのですが、だんだん複雑な気持ちになってきて、「複雑な」という言葉を入れたらいいのかなと思いました。もちろん、「幸せな」という言葉を入れる人があるかもしれませんし、どうも自分の人生は不幸な人生だったということで「不幸な」という言葉を入れる人もいるかもしれません。今までの人生に満足してきた人は「満足な」という言葉を入れるでしょうし、反対に「不満足な」という言葉を入れる人もあるでしょう。

「明るい人生」「暗い人生」、「平凡な人生」「非凡な人生」。そういうふうに、かなりバラエティーに富んだ答えが出てくるのではないかと思います。

人の生き様は、死に様に反映します。たとえば病気になって一か月くらいの間に、それまでのその人の人生が凝縮されるようなかたちで現れるということがよく言われます。

「人は生きてきたように死んでいく」という言葉もあります。この言葉の出所は、一九〇四年にウィリアム・オスラーという内科医が書いた論文の題です。(ただしオリジナルは「人は」ではなくて「患者は」です。) 彼も医者として、多くの患者さんの最期を看取ったろうと思います。しっかり生きてきた人はしっかり亡くなっていくし、人に甘えて生きてきた人は甘えて亡くなっていく。そういう意味で「患者は生きてきたように死んでいく」と書いたのでしょう。

この「死」へのプロセスに関して様々な研究がなされています。死ぬことに対してはだれでも不安をもちますが、その不安が非常に強い人とあまり強くない人がいます。

ある研究者は、死の不安が少ない人たちはどういう人たちかということを研究して論文を書いています。その人の結論によりますと、今までの人生に満足している人は死の不安が少ないということです。それから、死を受け入れる、受容することができる人はどういう人かを研究した人もいて、だれでも死は怖く受け入れがたいものだが、その中でも受け入れやすい人は「散らす人生」を送ってきた人たちであると言っています。

「散らす人生」というのは「分け与える人生」というふうにも言えるでしょう。自己中心的にではなく、自分がもっているものを人に散らしながら、分け与えながら生きてきた人、そういう人が死の受容をしやすいのではないでしょうか。

その研究論文では例として、ある老人ホームの看護師を長くしてきた方が挙げられています。その方は本当にすばらしい死の受容をされたそうです。それは、看護師として自分のもっているものを高齢の方々に与えてきたからではないか、と。もう一人、長い間ボランティア活動を懸命にやってきた女性もすばらしい死の受け入れ方をされた、ということです。

非常におもしろいのは、「集める人生」の典型として税務署の職員の死を取り上げていることです。税務署の職員というのは確かに「集める人生」なので、あまり死をうまく受け入れられなかったとのことです。それから政治家。政治家は一生懸命票を集める。本当は与えることをしてもらわないと困るのですが、「集める人生」を送った政治家がうまく死ねなかったという例も書かれていました。

人生を振り返ったときに、「私はずっと与える人生を送り続けている」と断言できる人はそんなにいないでしょう。

病院という場所は与える人生を送りやすい職場だと思います。医師や看護師だけでなく、コメディカルの人たち、事務の人たちも含めて、非常に感謝すべき仕事を私たちは与えられています。でも、気をつけないと自己中心的な「集める人生」を送ってしまう危険もあります。

冒頭のみことばにはイエス様の人生が見事に集約されています。新改訳第三版では、「散らして……与えた」と訳されていましたが、本当にイエス様は唯一自己中心的な考え方をしなかった方、集めることを決してしないで散らし続けた方です。神の御子以外にはこういう人生は決して送れないでしょう。

「散らす人生」を送りたいと思っていても集めてしまう。「与えたい」と思っていながら「受けたい」という気持ちが優先してしまう。そういう自己中心的な思いから脱却し、少しでも「散らす人生」についての気持ちを深めたいと思います。

善を行うということ

「失望せずに善を行いましょう。あきらめずに続ければ、時が来て刈り取ることになります。ですから、私たちは機会があるうちに、すべての人に、特に信仰の家族に善を行いましょう」（ガラテヤ六・九〜一〇）。

教会に行きだしたころ、聖書の中で二つのことがなかなかピンときませんでした。一つは奇跡です。初めそれがどうしても信じられなくて、ずいぶん宣教師の先生に質問したことを覚えています。もう一つは、人間として実行することができないのではないかと思うような勧めです。

奇跡のほうは聖書を学んでいくうちに、「本当に神様が存在するのであれば、きっとこういう人のわざを超えた奇跡もなさったであろう」と信じられるようになりました。ところが、聖書に書かれている私たちへのたくさんの勧めは、今でも「とてもできないのではないか」と思います。努力目標として「そういうふうにしたい」と思うことはできても、罪深い人間には実行することはとても難しいのではないでしょうか。

たとえば「敵を愛しなさい」という命令。憎い敵を心から愛することなど、とてもできそうにありません。「自分にしてほしいことを他の人にもしなさい」というみことばも、なかなか実行するのは難しいと思います。それから「自分のように他の人を愛しなさい」も、難しい命令です。でも、中には少しがんばればできるのではないかと思えるような勧めもあります。冒頭のみことばもその一つです。

「失望せずに善を行いましょう」は、当然のことです。「ですから、私たちは機会があるうちに、すべての人に、特に信仰の家族に善を行いましょう」という勧め。まったくそのとおりです。でも、やはり難しいとは思います。

ところが神様は、その難しさをすでにご存じで、「その難しさの中に罪の本質があるんだよ」ということをまた別の箇所で教えておられます。ローマ人への手紙は人間の罪の姿というのをわかりやすく説いているところですが、このようなみことばがあります。


「私は、したいと願う善を行わないで、したくない悪を行っています」(七・一九)。

いいことをしたいと思いながら、神様にあまり喜ばれないことをついついしてしまうというのが人間の本質的な姿です。積極的に悪のほうへ目を向けていないとしても、善であることがわかっていながらなかなかできないという現実があるのではないでしょうか。

では具体的に、善を行うとはどういうことなのでしょう。私は「他人のためにしっかりと時間を使う」ということではないかと思っています。自分のためにはすぐに時間を使ってしまうけれども、他人のためにはなかなか使えないのが私たちの現実の姿ではないでしょうか。

たとえば、医学関係の本やターミナルケア、ホスピスに関する本が最近たくさん出版されていて、そのたびに出版社や著者ご本人から送られてきます。送っていただいたらすぐにお礼を書く。これがいいことだとは思いますが、なかなかできないのです。

たくさんの方から送っていただいて嬉しいのですが、いちいちお礼を書いていたら暇がなくなると勝手に思うわけです。ところが自分が書いた本を他の人に送って何の返事も来ないと、とても腹が立ちます。人間というのは本当に自己中心的だと思います。

お便りもたくさんいただきます。もちろん、どうしても返事を書かなければならない場合は書きますが、これはかまわないだろうと思うものには、どうしても書けない。返事を書いて差し上げたほうが喜んでもらえるとわかっているのですが、そういうことに時間を取るよりは、体を休めるとか他の楽しみのために自分の時間を使ってしまうという現実があります。

それほど親しくない友人が少し遠い病院に入院をしたときも、お見舞いに行ってあげたほうがいいということは確かなのに、なかなか行けませんでした。「さほど親しくないから行かなくても不自然ではないだろう。わざわざ行くとかえって気を遣うのではないか」とすぐに言い訳をして、行かないことを正当化してしまうという、嫌な悪の性質が自分のうちにあることを発見します。

私くらいの年齢になると、年に数回、親きょうだいを亡くす友人が出てきます。同窓会の連絡網でそういう知らせを聞いたときも、一度もそのお父さん、お母さんに会っていない場合は少し考えてしまいます。葬儀に参列してあげたら友だちは喜ぶだろうから、これは善だと確信できるのですが、なかなか時間をとることができません。

聖書の中には、イエス様の様々な言動が書かれています。人としてお生まれになったイエス様は何一つ悪を行わず、すべて善なる行為で生涯を遂げられました。自分に与えられたすべての時間を人のために費やされたのです。これは尋常なことではありません。

人のために時間を使うことは神様の喜ばれることだという確信をもって歩むとき、少しずつ自分の時間を犠牲にすることができるようになっていくのではないでしょうか。

手当たりしだいの信仰

「主の霊があなたの上に激しく下り、あなたも彼らと一緒に預言して、新しい人に変えられます。これらのしるしがあなたに起こったら、自分の力でできることをしなさい。神があなたとともにおられるのですから」（Ⅰサムエル一〇・六〜七）。

預言者サムエルがイスラエルの王サウルに対して言った言葉です。非常にユニークな表現です。私たちの人生にも、何でも「手当たりしだいに」しなければならない時期、またせざるを得ない時期というのがあるのではないかと思います。

私自身、とにかく手当たりしだいに何でもしたという時期を二つ思い出します。一つは三十歳から三十三歳までの三年間、アメリカのセントルイスにあるワシントン大学でレジデント（病院勤務研修医）だったときです。

留学が決まった時点でかなり英語の勉強はしていたので、「何とかなるだろう」と思って行きましたが、何ともならなくて苦労しました。

（最初に受け持った患者さんは七十二歳の黒人の男性で、アルコール依存症でした。歯が一本もなくて、何を言っているのか本当にわかりません。仕方なく黒人のナースに通訳してほしいと頼むと、「いや、私にもわかりません」と言われ、とても安心したという経験があります。）

それで英字新聞を読んだりテレビを見たり、いろいろな人の講演を聞いたり、本を読んだり、雑誌に目を通したりと、とにかく手当たりしだい英語の勉強をしました。すると少しずつ慣れてきて、何とか三年間の研修を終えることができました。

もう一つは四十二歳から四十五歳までの三年間で、これは私が様々な経過の中からぜひ日本でもホスピスを作りたいという気持ちをもった時期です。

もともと精神科を専攻していたので、体のケアのほうがあまりできなかったものですから、若い先生がたに教えていただいて、内科病棟で何でもかんでも手当たりしだいに勉強しました。IVH（高カロリー輸液）のルートを確保する、胸水や腹水を抜く、それから静脈カットというようなこともやりました。病棟中を見て「何かすることがあれば何でもさせてください」という気持ちで過ごした思い出があります。

以上は信仰に基づいてというよりも、どちらかと言うと、せっぱつまって仕方なくというような感じですが、サムエルが言っているのは、「神様からの召しを受けたときには、とにかく手当たりしだいに何でもしなさい。何をしても、きっと神様が一緒にいて守ってくださいますよ」ということです。

フリーゼンという宣教師は、私が学生時代に通った教会で信仰に導いてくださった方で、私は「霊的なお父さん」と呼んでいます。

フリーゼン先生はその後、愛知県の小牧というところで伝道をしておられましたが、その伝道所へうかがう機会がありました。そのとき、七十歳を超えていた先生が奇しくも「私は今、伝道のためなら何でもかんでもやっています」と言われたのです。私が招かれた、年に一度の講演会、奥様が近所の主婦を集めてしておられる料理教室、それからフリーゼン先生ご自身は英語のクラス。それに加えて近所の方々をほとんど毎日訪問しておられました。

私は、神様が先生と一緒におられることを強く感じました。せっぱつまって何でもかんでも、ではなくて、神様が共にいてくださるから何でもかんでもしているという感じを受けました。

組織も同じです。組織が安定してしまうと、「あれはするが、これはしない」と慎重になりすぎる傾向が生じます。組織が小さなときは手当たりしだいに何でもかんでもしなければなりませんが、大きくなり安定してくるにつれ、取捨選択をするようになるものです。これをするのは有利、これをするのは不利というような自己中心的な思いが出てきて、初めのころにもっていた純粋な気持ち、何でもするという気持ちが薄れていきます。大きくなると、分業化が進み、各自の分担が決まって、他の人がするべきことには決して手を出さないという風潮も出てきます。

協力体制を保っていくためには、神様の守りの下で一人ひとりが何でもするということをもう一度思い起こす必要があるのではないかという気がします。

人生の実力

「わたしはあなたがたに平安を残します。わたしの平安を与えます。わたしは、世が与えるのと同じようには与えません。あなたがたは心を騒がせてはなりません。ひるんではなりません」（ヨハネ一四・二七）。

あるインタビュー番組でアナウンサーが街角でたむろしている若い人たちに対して「学生さんですか」と尋ねたところ、一人が「はい、東大生しています」と答えました。するとすかさずアナウンサーが「青春してますか」と尋ねました。

最近は新しい言葉がどんどん出てきて、若い人たちの会話についていけないことがありますが、この「東大生をしている」「青春をしている」という「している」という言葉は新鮮に聞こえました。「青春してますか」というのは、「毎日楽しんでいますか」という問いかけの違ったかたちではないかとも思います。

淀川キリスト教病院のことを、スタッフは「ヨドキリ」と言います。（何か淀川のキリギリスのような感じがして嫌いなのですが）それでは「ヨドキリしてますか」という問いかけはどういう意味になるでしょう。それはたぶん「今日も忙しいですか」ということではないかと思います。では、もし「人生してますか」と尋ねられたら、どう答えるでしょうか。「はい、人生しています」というふうに答えるとすると、それはいったいどういう意味をもっているのでしょうか。私は「人生している」というのは「毎日平凡な苦労を積み重ねている」という意味だと考えます。人生の基本は地道に、平凡で、ある程度の苦しみと忍耐を伴う日々を送っていくことだと思います。人生の節目節目には結婚式とか、卒業式とか、入社式とか、とても嬉しいことがありますが、それは数少ない特別なことであって、日々の生活はそれぞれに決まったことの繰り返しなのです。

また、人生にはときとして、様々な難しい問題が出てくるものです。そのとき試されるのが、「人生の実力」です。「人生の実力」というのは、私が勝手に作った言葉ですが、一つには、「難しい課題を解決する力」というような意味があります。

不都合なことが起こると、「いやだ。もうこんなことは耐えられない」と思うのが普通です。しかし、どんな人にも例外なくこの不都合なことは起こるのです。事の大小はありますが、二十年も生きていれば、今までの人生で一度も不都合なことが起こったことがないという人はいないはずです。

そのときに、人間として生きている以上当然こういうことは起こる、これは生きている証しなのだと思うことができて、めげずにどのようにしたらよいかを冷静に判断し行動する力、それが「人生の実力」の一つの定義です。

でも「人生の実力」にはもう少し違った面もあるのではないでしょうか。多くの方の人生に関わり、自分自身でも様々な体験をしているうちに、少しずつそう思うようになりました。いま私は、「どのような状況に置かれてもそれを幸せと思える力」が「人生の実力」のもう一つの面ではないかと思っています。

多くの患者さんと接して、病歴をお聞きするたびに、大変な苦労をしておられることを思います。しかしそれら全部をひっくるめて、人生の終わりの時に「私は幸せでした」と言う方がおられます。これはすごい力だと思います。無理に幸せだったと思おうとしているのではなく、心からそう思っておられることがわかるとき、「ああ、この人は実力者だなあ」と感じます。

どのような状況に置かれてもそれを幸せと考えることのできる力を「人生の実力」と呼ぶとしたら、この実力は自分では身につけられないのではないでしょうか。そのためには、やはり神様との関係がしっかりしていないといけないのではないでしょうか。

冒頭のみことばは私がとても好きな聖句ですが、新共同訳で読みますと少しニュアンスが違います。

「わたしは、平和をあなたがたに残し、わたしの平和を与える。わたしはこれを、世が与えるように与えるのではない。心を騒がせるな。おびえるな。」

「平安」の代わりに「平和」という言葉が使われています。神様から与えられる心の平和、心の平安をしっかりと身につけていくとき、私たちのうちに「人生の実力」が養われるのではないかと思います。

Ⅳ　謝ることと赦すこと

利己的な思い

「何事も利己的な思いや虚栄からするのではなく、へりくだって、互いに人を自分よりすぐれた者と思いなさい。それぞれ、自分のことだけでなく、ほかの人のことも顧みなさい」(ピリピ二・三〜四)。

人は小さな言葉で相手の心を大きく傷つけることができます。逆に言えば、人というのはだれかの小さな言葉で心が大きく傷ついてしまうということです。

大学であるプロジェクトが計画され、それを一生懸命やっている一人の先生がおられました。けれども私自身はそのプロジェクトに対して、まだ少し時期が早いのではないかと個人的に思っていたので、公式の場であまり深い考えもなく、「まだ時期尚早ではないでしょうか」と発言しました。あとで二、三の教官から、私の「時期尚早」という言葉で、あの先生が非常に傷ついたということを知らされました。

とても後悔して、どうしたものか悩んでいたときに、私自身が以前「時期尚早」という言葉で非常に傷ついたことが思い出されました。一生懸命ホスピスを開設するために奮闘していたとき、ある公の席で一人の方が「ちょっと時期尚早だと思います」とおっしゃったのです。今でもまだはっきり、声のトーンまで覚えているほどです。

それとまったく同じことをしてしまった、これはどうしても謝るべきだと思い、その先生のところへ行って、「非常に申し訳ない言葉を吐いてしまった。実際まだ少し早いのではないかと思っているのだけれども、公の席でかなり断定的にああ言ったのはとても悪かった」と心から謝りました。相手の先生は完全に赦してはくれませんでしたが、「先生がこうして来てくださったことが、とてもありがたい」と言ってくださって、半分くらい和解が成立したように思います。

そのとき、傷つける場合も、傷つけられる場合も、その根源は自己中心的な考えにあるのではないかと思いました。

ハロルド・フィケットという神学者が、人間の自己中心性ということをわかりやすく書き表しています。私はこの文章を求道時代に読んで、ある意味で降参しました。

「おかしくはないか。他の人があることをするのに、長い時間かけていると、あいつはのろいといい、自分がしないと、忙しいからと言う。

他の人が、言わないことをかってにすると、でしゃばりと言い、自分が言わないことをかってにすると、積極的だと言う。他の人が自分の意見を強く主張すると、がんこだと言い、自分のときは、しっかりしていると言う。

他の人がエチケットを少し破ると乱暴だと言い、自分がエチケットを無視した場合にはそれを個性的だと言う。他の人が上役の気に入るようなことをすると、ごますりだと言い、自分の場合は協力的と言う。

他の人が昇進すると、あいつは運がよかったと言い、自分が昇進すれば、努力が報いられたと言う。

おかしいではないか。それともこれがあたりまえだろうか。」（羽鳥明『新版　幸福の座標』〈いのちのことば社〉より）

私たちも自分を振り返ると、そういうところがあるのではないでしょうか。

冒頭のみことばは、自己中心ということと、人間は謝ることができない、非常に頑固な心をもっているということを見事に言い表しています。口語訳聖書では、「利己的な思い」という言葉の代わりに「党派心」と訳されています。「へりくだった」は「謙遜な」という意味です。

当たりまえのことが書かれているようですが、これを日常生活でそのまま実行するのはなかなか難しいことです。少しでも利己的な思い、自己中心性から解放され、少しでもへりくだった心をもち、少しでも他人のことを考える。そんな日々を送りたいと思います。

舌の功罪

「軽率に話して人を剣で刺すような者がいる。
しかし、知恵のある人の舌は人を癒やす。」（箴言一二・一八）

箴言は知恵の書と言われます。「聖書の知恵袋」と呼ぶ神学者がいるように、日常生活におけるいろいろな知恵が盛り込まれている、私の非常に好きな書です。箴言には、言葉に関する記述が百五十か所あるということです。確かに、私たちが日常発する言葉に関する教えが、随所に散りばめられています。

箴言には、言葉を「ことば」と直接言っているところと、象徴的な意味で「舌」と言っているところがあります。次の言葉は私にとって耳の痛い箇所です。

「ことば数が多いところには、背きがつきもの。
自分の唇を制する者は賢い人。」（一〇・一九）

日ごろ少ししゃべりすぎる傾向のある人に対する忠告ですね。口数が多いと人を傷つけたり、つまずきを与えたりしやすいということで、あまりしゃべるなということでしょうか。もっとはっきり、「しゃべりすぎるな」と警告している箇所もあります。

「愚か者でも黙っていれば、知恵のある者と思われ、
その唇を閉じていれば、分別のある者と思われる。」（一七・二八）

強烈なユーモアを感じる言葉です。「沈黙は金なり」ということわざがありますが、それと似ています。実際はよくわからなくて発言できないだけなのに、黙っていれば知恵のある者と思われるというのです。口数の少ない人のほうが有利ということかもしれません。

冒頭のみことばも、私たちに大切なことを教えてくれます。そんなつもりで言ったわけではないのに相手を傷つけてしまったという経験はないでしょうか。もちろん誤解してとられてしまう場合もありますが、言葉はその人の内的な思いの現れであるということは確かです。

小さなひとことが一生忘れられないような傷を残す場合もあります。

息子が将来の進路にとって重要なテストを受けたときのことですが、結果は目標としたレベルにはるか届かないものでした。本人はガックリしていて、たまたま私がその日早く帰ったもので

すから、しおしおとその成績を見せに来ました。私はそれを見て「あー、ちょっとこれはいかんな」と思いましたが、ひと呼吸おいてから、こう言いました。

「まあ、そんなにむちゃくちゃ悪くないんじゃないかな。」

これはわりにピタッときたようで、「うーん。だけどやっぱり」などと言っていました。

それからしばらくして家内が帰って来て、同じように見せました。そうすると家内がひとこと、「こんな悪い点ではね」。

このひとことが彼の心にキューッと刺さりました。（今でもときどき笑いながら、あのときはつらかったと言うことがあります。）

実際悪い点数なのですが、それを短い言葉で、しかもかなり感情を込めて言われると、とても傷つくものです。注意しなければいけないと思います。

また逆に「知恵のある人の舌は人を癒やす」と書いてあるように、あのひとことでいやされたという経験もあるでしょう。

聖書を読むと、イエス様は言葉を選んで人々に接しておられることがわかります。小さなひとことでも本当に神様の愛から出た言葉であることが強く伝わります。難しいことですが、自分の舌を人をいやすために用いていきたい、言葉を慎んだ生活をしたいと思います。

適切な言葉がけ

「すると、王は彼らに答えます。『まことに、あなたがたに言います。あなたがたが、これらのわたしの兄弟たち、それも最も小さい者たちの一人にしたことは、わたしにしたのです』」（マタイ二五・四〇）。

私が日ごろ考えている「全人医療」について、少しお話しします。

一般的に、三つのことが言われると、だいたい二つまでは納得できるけれども、あと一つがどうしても納得できないということがあります。

「まず朝礼、互いに挨拶、愛のわざ」これは全人医療の三つの具体的な行いですが、「朝礼」は朝の礼拝のことですし、「互いに挨拶」も非常にわかりやすいでしょう。でも、三つめの「愛のわざ」というのがわかりません。どういうことが「愛のわざ」であるのか、なかなか具体的に思い浮かべにくいのではないでしょうか。

一九九九年、日本初の脳死患者からの心臓移植が大阪大学で行われました。私の家が病院のすぐ近くにあって、朝の七時前から七、八機のヘリコプターが空を舞い、取材も含めて大変な騒ぎでした。

脳死の判定や臓器の移植についてはいろいろな議論がありますが、あのなかで臓器を提供した方は、やはり「愛のわざ」を実践されたのだと思います。自分の臓器を提供するなど、人間に対する愛がなければ決してできません。

「全人医療」といっても、やたらと臓器を提供するわけにもいかないので、日ごろから「愛のわざ」とはいったいどういうことなのかと考えていましたが、具体的にはそれは「適切な言葉がけ」ではないかと思います。適切な言葉がけには必ず行動が伴わなければいけないという条件はありますが、不適切な言葉がけによって人は傷つくし、その裏返しで、適切な言葉がけによって非常に慰められることでしょう。

言葉によって深く傷ついたことはなかなか忘れられませんが、逆に本当に慰められた言葉も忘れられない。そういう経験が、だれにでもあるのではないでしょうか。

三十八歳のとき、ちょっとつらい経験をしました。

病院の早朝祈禱会に出かけるとき、うっかり道路の窪みに足を取られてしまいました。整形外科の先生に診てもらいましたら、なんと骨が折れていて、しばらくギプスをはめる生活をすることになりました。

そのとき、先生がレントゲンを見るなり「老化です」と言われます。「私、三十八ですけど」と言うと、「いや、骨の老化は三十五から始まります」と平然と言われてしまいました。その「老化です」という言葉に、今でもその響きを思い出すくらいショックを受けました。今まで元気だったし、まさか「老化」という言葉を、それも医者から言われるとは思いませんでした。

しばらくしてギプスが取れてから、字が読みにくいということで眼科の先生に診てもらうと、今度は「老眼です」と言われました。「先生、私、三十八ですけれども」と言いましたら、「老眼は三十五から始まります」とまたもや平然と言われて、非常にショックを受けました。

ギプスをはめながら病院の診療に携わっていたときに、いちばん傷ついた言葉といちばん慰められた言葉に出合いました。

傷ついたのは「先生、スキーで骨折されたんですか」という言葉です。「何を言うか。早朝祈禱会なんだ」と言いたかったのですね。

反対にとても慰められたのが、「先生、大変でしたね」と言われた言葉です。どういう理由でギプスをしているのかは知らないはずなのに、とにかく私が歩いている姿を見て、「先生、大変でしたね」と言ってくださったのです。

本当に嬉しかった。いちばんぴったりきたのです。これこそ「愛のわざ」だと思いました。言葉はその人の心を表します。「ほんとに大変だな」という気持ちがなければ決してそういう言葉は出ないのです。

ホスピスで七十二歳の患者さんから相談を受けました。

「先生、妹のこと、何とかならないでしょうか。」

「どうしたんですか」と聞くと、「見舞いに来てくれるのは嬉しいけれども、毎回すごく励ますんです。それがつらくてつらくて仕方がない。『お姉ちゃん、がんばりよ、がんばりよ』と言うんです。私は今まで一生懸命がんばってきて、もうがんばれないのに、『がんばりよ』と言われると、とってもつらいんです」と言います。

「どう言ってほしいのですか」と聞くと、しばらく考えてから、「そうですねえ。『お姉ちゃん、つらいな、しんどいな』、そう言ってくれるのがいちばんいいです。……先生、何とか妹に励まさないように言ってください」と言いました。

妹さんが来たときに、そのことを話しましたら、びっくりして、「私は姉を励ますのがいちばんいいと思っていたんですけれども、励ますことがかえって傷つけていたんですね。これからは姉が言うようにします」と言いました。

そしてさっそく病室に行き、「姉ちゃん、つらいな、しんどいな」と話しました。初めは少し芝居じみていましたが、だんだん身についてきて、お二人のコミュニケーションも良くなっていきました。

イエス様は適切な言葉がけを人々にされた方だと思います。私たちとずいぶん違うのは、神の御子としての権威をもって人々に言葉をかけられたということです。イエス様は、長年病に悩んでいる人に向かって「治りたいのか」と言われました。当たりまえのことですね。でも、この「治りたいのか」という短い言葉の中に、私はイエス様の愛のわざと神様の権威を感じます。

権威をもって語るのは非常に難しいことですが、「今この人にどういう言葉が適切なのか」ということを意識して過ごしていくときに、愛のわざのかけらでも実践できるのではないかと思います。

謝ることと赦すこと

「無慈悲、憤り、怒り、怒号、ののしりなどを、一切の悪意とともに、すべて捨て去りなさい。互いに親切にし、優しい心で赦し合いなさい。神も、キリストにおいてあなたがたを赦してくださったのです」（エペソ四・三一～三二）。

キリスト教では、人間はみな罪人であるとよく言われます。

私も大学生のときに初めて教会に行って、「すべての人は罪人である」というメッセージを何回か聞きました。初めのうちは非常に抵抗があって、罪人呼ばわりされる理由はないと反発しました。

でも聖書を読んでいくうちに、聖書で言う罪が、私たちが日常生活で使う罪という概念とかなり違うことがわかってきました。たとえば、自己中心的な考え方をすることが罪であると言われると、確かに自分も罪人だということを認めないわけにはいきません。それから、人間というのはなかなか他人を赦すことのできない存在である、他人を赦せないというのも罪であると言われると、納得せざるをえません。また、人間は、責任を自分で取らず他の人に転嫁をするものだ、それが罪だと言われたら、自分が罪人であることを認めざるをえません。

私も含め、人は限りなく自己中心的で、謝ることが限りなく苦手な存在であると言えますし、自分のことはすぐに赦すが、他の人はなかなか赦せない存在だとも思います。限りなく責任を他人に転嫁する存在でもあります。

そういう意味では、すべての人が罪人であると言えるのではないでしょうか。

日常生活で、特に家庭生活の中で、そういうことをよく経験します。職場などであれば自分の気持ちを抑えて感情を出さないこともできます。でも、家庭では感情がそのまま出てくるので、人間の罪深さを思い知らされます。

ほとんどの家で、洗面所やトイレは家族みんなで使うでしょう。そして、その一つの場所を共有すると様々な問題が起こるのは人の常です。洗面所の戸棚が開いていると言い合うなどということもあるのではないでしょうか。きちんと閉めておいてほしいとお互いに言いますが、お互いについ忘れてしまうのです。

わが家でも、ある日、夕食の少し前に兄が妹に向かって「また開いてたぞ」と言っていたことがありました。（我が家では「また開いてたぞ」だけで通じます。）私には「また開いてたぞ」が強い非難と受け取れるような言い方に聞こえました。

すると、妹のほうが言い返します。

「お兄ちゃんもこの前開けてたでしょ！」

「この前のことを言ってるんじゃなくて、今のことを言ってるんだ！」

「いつも謝るのはわたしばっかり！」

こうなるとなかなか二人とも謝りません。

しばらくそんなやりとりを続けてから冷静になって、みんなで話し合っているときに、私は「非常に難しいことなんだけど、何か注意されたらまず謝ろうという気持ちをお互いにもたないか」と言いました。そうしたら「私も含めて」と言いかけたところで、「お父さんも、なかなか謝らないことがある」と言われてしまいました。確かにそうでした。

毎朝起きたときに「きょうはまず謝るぞ」と自分に言い聞かせて一日をスタートしないといけないくらい、私たちは謝ることができません。

自分のことはすぐ赦すのに、他人はなかなか赦せないというのも人間の困った性質です。

わが家には、こんなエピソードもありました。子どもたちは外から帰って来ると、いつも靴を乱暴に脱いで、そのまま部屋に上がってしまいます。それも妹はこういう角度、兄はこういう角度という、それぞれの癖があります。

私には、それが赦せないのです。人によって気になるところがそれぞれ違いますが、私は靴がそろっていないことが気になります。それを何とか直させようと、何度も言うのですが、一向に直らないので、欲求不満がたまってしまいます。

それで、あるときついに、兄のほうに、あとから考えるとかなり批判的な口調で、「また靴むちゃくちゃやな」と言いました。そうしたら、「きのうのお父さんの脱ぎ方もひどかったよ」と言われてしまいました。

その日は、忘れ物をしてあわてて帰ったので、「あわててたからな」と正当化しました。自分のことだとすぐ赦せるわけです。すると今度は「いつでもあわててる」と返ってきました。

そんなことがあって、お互いに赦し合うことを、またそこで話し合いました。


人間は、何か大きな罪を赦されているという体験をしっかりしていないと、なかなか他人を赦せないのではないかと思います。私たちが人を赦すことのできる原点は、神様から罪を赦されたことです。罪を赦されているという体験をすると、不思議と、「赦されているから、いくらでも罪を重ねていいんだ」という気持ちにはなりません。赦されているから人を赦そう、赦されているから、できるだけ罪を犯さないようにしよう、そういう気持ちになるのです。そういう心も神様が与えてくださっているのでしょう。

冒頭のみことばには、そういった神様の赦しが非常に明確に書かれています。

人間は弁解する動物である

「神の、目に見えない性質、すなわち神の永遠の力と神性は、世界が創造されたときから被造物を通して知られ、はっきりと認められるので、彼らに弁解の余地はありません。彼らは神を知っていながら、神を神としてあがめず、感謝もせず、かえってその思いはむなしくなり、その鈍い心は暗くなったのです。彼らは、自分たちは知者であると主張しながら愚かになり、朽ちない神の栄光を、朽ちる人間や、鳥、獣、這うものに似たかたちと替えてしまいました。……ですから、すべて他人をさばく者よ、あなたに弁解の余地はありません。あなたは他人をさばくことで、自分自身にさばきを下しています。さばくあなたが同じことを行っているからです」（ローマ一・二〇〜二三、二・一）。

私たちは多くの弁解をしながら生きているのではないかと思います。冒頭の聖書の箇所に「弁解の余地はありません」という言葉が二回出てきます。

まず、神様の永遠の力と神性は疑う余地がないにもかかわらず、自分の行動を弁解するために

「神は存在しない、そんなことはない」と言っている人たちが多いと指摘しています。

次に、人をさばいている者たちについてです。

「私は間違ったことをしているわけではない。自分も同じことをすれば、他の人からさばかれる。悪いのはあの人なのだ。」これは通用しないというのです。

聖書に書いてある「弁解の余地」という言葉にはとても深い意味があると思います。私たちは日常生活の中でも素直に謝ることがなかなかできません。間違いを認めないで、いろいろな理由づけをして弁解をします。人間の本性と言いますか、これが「罪の性質」ということにつながっていくのだと思います。

私と家内は同じ失敗をよくします。ドアを閉め忘れるというのがお互いの欠点なのですが、家内は車のドアをときどき閉め忘れます。私は書斎のドアをよく閉め忘れます。

あるとき用事があって車を出そうと思ったら、エンジンがかかりません。「あ、またやったな」と思いました。半ドアになっていて、室内灯がつきっ放しでバッテリーが完全に上がってしまったのです。

そのことを指摘しますと、家内はすぐに謝らないで、「両手に荷物を持っていたので」と弁解をしました。両手に荷物を持っている場合は車のドアを閉めないということであれば、これは大変なことになります。私はムッとして、「まず謝ったらどうだ」と言ってしまいました。少し険悪な空気になりかけましたが、家内が謝ったので、それはそれですみ、バッテリーの充電をしてもらって事なきを得ました。

ところがその夜、(私たちは書斎を共有しているのですが) 寒かったので、暖房をつけながら仕事をしていました。そして、ちょっと用事があって書斎から出たとき、いつものようにドアを閉め忘れてしまったのです。

昼間私に責められたので、それが少し尾を引いていたのか、「ドア閉めてね」と家内がやや非難がましい声で言い、私はそれでまたムッとしてすぐに謝れず、「いや、すぐに戻るから」と言ったのです。「すぐに戻るから」というのはドアを閉め忘れた弁解にすぎません。そこでなぜ「あ、ごめん」とひとこと言えなかったのかということです。

両方とも小さなことですが、明らかに自分に非があるにもかかわらず、「両手に荷物を持っていた」とか「すぐに戻るから」という弁解をまずしてしまうというのが人間の罪ではないでしょうか。何とか二人でこれを克服しようと建設的な話し合いをして、「まず謝罪、それから理由を言いましょう」という、川柳のような標語を掲げるようにしました。

私たちは自分にあきらかに誤りがあるにもかかわらず、人から指摘されたとき、特に指摘の中に非難の心が入っているときに素直に謝ることができない、そういう非常に罪深い性質をもっているのではないかと思います。

弁解から解放されたら本当にさわやかな生活を送れると確信するのですが、なかなかできません。毎朝「きょうは謝ろう」と決心して一日を始めて、やっとできるというくらい、私たちは弁解します。

職場でも様々な過ちを犯します。すると、何らかのかたちでそれを指摘されます。そのときに「私は一度も弁解をしたことがない」と言いきれる人はおそらく一人もいないでしょう。非があるときは素直な気持ちで謝るという習慣を、ぜひつけたいと思います。

Ⅴ　生きること、選ぶこと

生きること、選ぶこと

「しかし、このことは、『目が見たことのないもの、耳が聞いたことのないもの、人の心に思い浮かんだことがないものを、神は、神を愛する者たちに備えてくださった』と書いてあるとおりでした」（Ｉコリント二・九）。

スイスのクリスチャンで精神科医のポール・トゥルニエは『人生の四季』（日本キリスト教団出版局）という本の中で、「生きることは選ぶことである」と言っています。私の好きな言葉です。そしてそのあとに「何かを選ぶことは、何かを断念することである」と続けています。

人間の一生は何かを選んで、何かを断念するということの連続ではないかと思います。その中には大きな選択から小さな選択まで様々ありますが、選ぶことに伴う、断念するつらさも引き受けていく必要があります。

講演に出かけたときのことです。始まるまで少し時間があったので、靴を買うことにして、永代橋の近くにある三越デパートに行きました。

黒で、履きやすく、そんなに高くない、かっこいい靴ということで、最終的に二足に絞ったのですが、どうしてもどちらにするか決めることができません。どちらも捨てがたく、そうかといって二足買うだけのお金もありません。結局、少し格好が悪いけれども、安くて履きやすいほうを選びました。けれども、買ったあとで、二、三日かなり後悔しました。もう一方のほうが良かったのではないか……。それでも一週間くらいしたら、こちらで良かったのだと思えるようになりました。

これは小さな選択ですが、私たちの人生にはもっと大きな選択があります。二つの大学に合格した場合、どちらの大学を選ぶか。これは靴の選択よりかなり大切な選択です。それから二つの会社に合格した場合、どちらの会社を選ぶか。二人の人に同時にプロポーズされた場合、どちらを選ぶか。

これらは非常に幸せな選択ですが、つらさを伴う選択というものもあります。たとえば職場では、様々な異動があります。かなりつらい選択、つらい決断を迫られるような体験をしている方がおられるかもしれません。自分の希望している部署になかなかいけず、あまり希望していなかった部署にいかざるをえない。そのようなときに、どうしても嫌だと言って上司に泣きつくか、黙って辞令を受けるか。これは大変な決断だと思います。

何かを選択したときに何かを断念しなければいけない。これは人生の鉄則です。私自身も今まで様々な選択をしてきましたが、神様から与えられた選択をした場合、そのあと必ず神様がフォローしてくださいました。それはとても感謝なことだと思っています。

私は医学部に入学してから、何科の医師になるかということが大きな選択でした。多くの選択肢の中から精神医学という専門分野を選びましたが、今振り返ってみて、本当にこれを選んでよかったと思っています。

当時はそんなことを考えもしませんでしたが、数年間アメリカで勉強する機会も与えられました。アメリカ滞在中には、今度は大学に戻るか、淀川キリスト教病院に行くかということで非常に大きな選択を迫られました。

結局祈りのうちに病院にお世話になることを決断して帰って来ましたが、そのときは将来ホスピスに関わるなどとは思いもしませんでした。しかし、ある選択からそういう道が開かれました。そしてホスピスに関わるうちに大学への道も開かれて、これも大変な決断でしたが、大学と病院の両方で仕事をするという経験もしました。

そういう意味では、選択の中に神様が働いてくださったと強く感じています。

冒頭のみことばはとても慰めに満ちた言葉だと思います。人の心に思い浮かびもしなかったことを、神様はご自分を愛する者のために備えられるというのです。

何かを決断するときに、その先どのようなことが起こるかということは思い浮かべることができません。しかし真剣に神様に祈り、神様の導きを信じるなら、必ず先には備えがあるということです。

信仰の父と呼ばれるアブラハムは行き先を知らずに出て行きました。その先がどうなるかはわからない、しかし神様が「出て行け」と言われたので、出て行ったのです。アブラハムはその後、神様の導きで、すばらしい人生を歩むことになります。

一つ一つの決断を支えられる神様が、私たちの将来を必ず良きものにしてくださるという信仰をもって進んでいきたいと思います。

人の計画、神の計画

「人の心には多くの思いがある。
しかし、主の計画こそが実現する。」(箴言一九・二一)

「計画」という言葉を聞いて、どのようなことを連想するでしょうか。私は勉強の計画や仕事の計画、人生の計画といったことを思い起こします。

私は信仰をもつまで典型的な「計画人間」でした。何でもきちっと計画を立てて、その計画どおりにやらないと気がすまないという、かなり堅い性格でした。受験勉強では、たとえば一週間ごとに問題集の何章から何章までをやるという計画を立て、それにそって一日ごとにどこからどこまでをすると決めました。夏休みなどは、午前中に何ページまで、午後は何ページまでやるという計画を立てて勉強しました。計画というのはいつもうまくいかないもので、二、三日後に練り直さなければならないということもありました。

人生の計画もそれなりに立てていました。何歳ごろに結婚して、何年くらいでだいたい三人ぐらい子どもが与えられればいい、できたら留学をしたいなど。うまくいった計画もありますし、うまくいかなかった計画もあります。

一つだけ実現したのは子どもで、男二人女一人という計画を勝手に立てて、結婚前に名前まで決めていましたが、そのとおりになりました。これは神様のみこころだったのか、私の勝手な計画を神様が聞いてくださったのかわかりませんが、非常に感謝なことでした。

だれもが自分の人生にいろいろな計画を立てたのではないかと思います。しかし、全部計画どおりにいったという人はおそらくひとりもいないでしょう。進学や就職や結婚なども、計画どおりということではなく、何かのきっかけで、何かの流れでそのように導かれたということがあったのではないかと思います。

精神病理学者のフロイトが「人間のすべての行動には必ず理由がある」という言葉を残しています。私たちが偶然にする行動、それは何も理由がないように見えても必ず理由があるというのです。

道を歩いていたときに小さな石ころが転がっていて、何の気なしにそれをポーンと蹴りました。そうしたら、それが前を歩いていた人に当たってしまい、非常に失礼なことになって謝りました。なぜそんなことをしたのだろうかと考えたとき、フロイトの言葉を思い出しました。実は会議で少しもめて、私が出した意見がひどく叩かれてイライラしていたのです。それが理由だったのか……。

石ころを蹴るという行為にも理由があります。それと同じように、人生でその人に起こることはすべて神様のご計画であり、決して偶然ではないと言っている神学者がいます。信じがたいことかもしれませんが、何月何日に、ある所でだれかに会うというのも偶然ではなくて、神様の計画である、ということです。

私たちには様々な人間的な計画があります。しかしそれを実現するかしないかは神様が決められることで、決して人間が決めることではありません。

私は信仰をもってから「計画人間」というそれまでの古い自分から解放されて、あまり計画を立てなくてもやっていける人間になりました。とにかく与えられた場で一生懸命やっていれば、もし神様がそこにとどまれと言われるのであれば、とどめてくださるだろうし、何か新しい道を開いてくださるのであれば、そうなるだろうし。いずれにせよ、持続か変更かは神様が示してくださる。そう思えるようになって、ずいぶん人生が楽になりました。

これからの人生も、私なりに少しは計画をもっていますが、その計画がはたして神様の思いにそっているのかどうか、それはわかりません。しかし、自分の計画よりも神様の計画を大切に生きていきたいと思っています。

神様が自分をそこに送ってくださったということを自覚して、それぞれの持ち場で良き働きをしていきたいものです。

創造と目的

「人はすべての家畜、空の鳥、すべての野の獣に名をつけた。しかし、アダムには、ふさわしい助け手が見つからなかった。神である主は、深い眠りを人に下された。それで、人は眠った。主は彼のあばら骨の一つを取り、そのところを肉でふさがれた。神である主は、人から取ったあばら骨を一人の女に造り上げ、人のところに連れて来られた」（創世二・二〇～二二）。


人間は、視点が変われば考え方や作るものまで変わるとよく言われます。

私は飛行機の窓から地上の景色を見るのが非常に好きで、いつも空港に着くだいぶ前から窓ガラスにおでこをくっつけて下を見ています。その日は熊本で開かれた学会からの帰りでしたが、特に天気がよく、前日が雨だったため空気も澄んでいて、視界が開けていました。

生駒の山並みを過ぎると、大阪府下全域が見えてきます。小さな家の屋根がびっしりと詰まっている光景を見るたびに、私は、あの一軒一軒の家に人が住んでいて、食べて、寝て、喜んだり、悲しんだりしているんだなあと思います。

本当にたくさんの人がひしめき合って住んでいる。だれも上を見上げたりすることなく、私が見ているなどとは考えもせず、住んでいる。淀川キリスト教病院の屋根も見えました。でも、職員は一人として私が見ていることに気づいていないだろう……。

帰ってすぐに、コンピューターに来ているメールを開きました。三日ほど留守をしたため、三十通ぐらいが入っていて、その処理に一時間ぐらいかかりました。

そのとき私はふと、飛行機の体験とメールの体験を結びつけました。メールを見るためにはコンピューターを立ち上げて、アイコンをクリックしてソフトを立ち上げなければならない。でもメールはすでにそこへ到着している。到着しているけれども、開かないと見ることができない。同じように、地上にいる人たちは意識して上を見上げないと、あの飛行機からだれかが見ているのではないかなどと想像もしないでしょう。

さて、そのようなことを思っているとき、コンピューターの目的について考えました。コンピューターは人間が生活を便利にするために作ったものです。私は学生のころに計算機をよく使いましたが、計算機からワープロに移って、ワープロからパソコンに移りました。計算機は計算だけの目的で作られたもので、ワープロは文書を書くために作られたもの、コンピューターはいろいろな機能を搭載して、より処理機能を高めるために作ったもので、自然に進化していったものではありません。それぞれが目的をもって、人間によって「創造」されたと言えるかもしれません。

同じように人間も、しっかりとした目的をもって創造されました。冒頭のみことばには女性の造られた目的が書かれています。これは一見、男性には有利、女性には不利なみことばと受け取られるかもしれません。


「アダムには、ふさわしい助け手が見つからなかった。」


神様は女性に、男性を助けるという役割をお与えになりました。でも決して、女性はそのためだけに存在するということではありません。「助け手」というのも、上下関係を意味しているわけではありません。

人間が神様によって創造された存在であるとすれば、どういう目的で造られたかということを知ることは非常に大切です。聖書ははっきりと、人間の造られた目的を示しています。それは、創造主である神様をあがめ、助け合い、赦し合いながら、平和な生活を送ることによって神様の栄光を現すことです。にもかかわらず、憎み合ったり、殺人が起こったりして、平和な生活をしているとは言いがたい状況にある。それが、聖書では罪だと言っているわけです。

私たちを創造された神様がおられます。目を上げて意識して見るなら、今までまったく気がつかなかった神様の視線に気がつくはずです。

創造には必ず目的があります。ですから、その目的に忠実に生きていくことがいちばん大切なのではないでしょうか。

召されるということ

「その異邦人たちの中にあって、あなたがたも召されてイエス・キリストのものとなりました——ローマにいるすべての、神に愛され、召された聖徒たちへ。私たちの父なる神と主イエス・キリストから、恵みと平安があなたがたにありますように」（ローマ一・六〜七）。


漢字にはそれぞれ、いろいろな意味があります。ただ漢字の成り立ちには定説がなくて、こう言われているが、真偽のほどはわからない、というものもたくさんあるようです。

たとえば「男」という字は、あくまでも一説によると、という条件つきですが、田んぼで力仕事をする人という意味があるそうです。まあ、何となく、言われてみればそうかなと思います。

それで「女」の成り立ちについても知りたいと思っていましたら、奇しくもある医学の会の特別講演で、作家の藤本義一氏が、雑学の大家らしく解き明かしてくれました。藤本氏によると、「女」という字は女性のかたちからきている。一画目の「く」という字、二画目の「ノ」、さらに三画目の「一」が加わって、祈りの姿を表す。つまり人が祈っている姿から「女」という字が生まれたというのです。男性に比べて女性は昔からよく神様に祈るものらしい。これも一つの説で、確かなところはわかりません。

話を聞いていて確かにそうだと思ったのは「魚」という字です。あれは象形文字で、頭があって、胴体があって、尻尾がある。それがずっと変化して、魚という字になったのです。

そして、たとえば魚偏に「青」という字を書けば「鯖《さば》」、「弱」と書くと「鰯《いわし》」、「里」と書くと「鯉《こい》」となります。これらもよくわかります。

「女」という字も、「娘」は女偏に「良」と書きます。（良いのは娘さんのうちだけというと語弊があると思います。）「家」がつくと、お「嫁」さん。これは確かです。「古」くなると、「姑」さん。これも確かにそうかもしれません。（これは私のオリジナルですが）もっとお年を召して顔に波のようなしわが押し寄せてくると、「波の女」と書いてお「婆」さん……。

とにかくそういうふうに、漢字には成り立ちがあります。

ある礼拝の説教から、「召」という字の成り立ちから、大切なことを教えられました。

「召」という字は「刀」の下に「口」と書きます。「刀」は昔、権力・権威の象徴で、一国の主や群れの長といった権威者だけが携えることを許されていた。つまり「召」は、刀を持っている人、すなわち権威者が口を開くことを意味するというのです。「召される」ということは「呼び寄せられる」こと、「招かれる」ことです。

私たちは生きていくなかで様々な動きをしますが、自分の意志で動くのではなくて動かされる、呼び寄せられる、招かれるという受け身的な動きをせざるをえないことがよくあるのではないでしょうか。

私たちは、自分で流れたのではなくて、何か超自然的な力によって（クリスチャンにとってそれは主なる神ですが）流されたというような体験があるのではないでしょうか。

冒頭のみことばには、「召される」という言葉が二度出てきます。これは権威者によって、すなわち神様が口をきかれることによって動かされる、招かれる、呼び寄せられるという意味です。

こういうイエスさまのおことばがあります。


「あなたがたがわたしを選んだのではなく、わたしがあなたがたを選び、あなたがたを任命しました」（ヨハネ一五・一六）。


自分で切り開いた道であるように思っていても、その背後には神様の召しというものがあるのです。

自分の希望にそぐわないような動かされ方をしたと感じることがあるかもしれません。しかし、私はそのように召されたのではないか、そういうところへ呼び寄せられたのではないかというような視点をもつことは、人生の中でとても大切なのではないかと思っています。

新しいことへの期待

「見よ、わたしは新しいことを行う。
今、それが芽生えている。
あなたがたは、それを知らないのか。
必ず、わたしは荒野に道を、
荒れ地に川を設ける。」（イザヤ四三・一九）

私が淀川キリスト教病院に就職したとき、すでに臨床医としての経験は積んでいましたが、独立してまったく新しい場所で仕事をスタートしたわけです。かなりの不安を感じましたが、それとともに、新しいことに対する期待がありました。期待と不安の割合は人によって違うと思いますが、新しい出発の時に何かを期待すること、そしてその実現のために努力をしていくことは、非常に重要なことです。

冒頭のみことばに、「見よ、わたしは新しいことを行う」とあります。神様は人生の節目節目で、私たちが意識するしないにかかわらず、何か新しいことをされる。私はそう信じています。神様のなさることは、ときに人間の考えを超える驚くようなことであったりします。それが「荒野に道を、荒れ地に川を設ける」です。荒野に自然に道ができるわけはありませんし、荒れ地に自然に川が流れることもありません。

しかし、全知全能の神様はそういうことをなさいます。これはある意味では象徴的な表現だとも思いますが、まったく期待していなかったことを私たちの人生の中に行われるというのが神様の大きな力なのでしょう。

たとえば大自然の真っただ中に身を置いたとき、人間のちっぽけな存在と、それと全く対照的な神様の偉大さを痛烈に感じます。

アメリカ留学時代にグランドキャニオンへ行ったことがあります。そこに到着するまで、まずアリゾナの砂漠を車で走って広大な自然に接しました。とにかく砂漠がずっと続いていて、はるかかなたに目をやると、道が消えていくのです。実際に砂漠を走りながら、地球が丸いということを実感して、神様はおられるんだと感じました。

しばらく車を走らせて坂を少し上ると、目の前に広大なグランドキャニオンが現れました。峡谷の底にはコロラド川という緑色の川が流れています。その景色を見たときにも、私は神様の存在を感じました。人間の頭では、あのような壮大な峡谷が形成されることなど、とても考えられなかったのではないかと思います。造れと言われても、そのために必要な膨大な時間と労力に気が遠くなってしまいます。しかし神様はいとも簡単に、グランドキャニオンどころか全世界、全宇宙を創造されたのです。

神様は一人ひとりのために何か新しいことを用意しておられる、ぜひそういう期待をもって仕事に当たっていただきたいと思います。どんなことかはわかりません。しかしそれはもしかすると、私たちにとってかなり大きな意味をもつものかもしれません。

また、その神様について知るため、神様が私たちのために用意しておられるご計画を知るためにも、聖書を読みたいと思います。聖書は毎年世界一のベストセラーになりますが、非常に不思議な書物です。(ただし、世界でいちばんよく読まれている本かどうかは別です。)

私の体験から言うと、聖書には、すべての人生における解答が示されています。疲れたときのために疲れをいやしてくれるみことばが、不安になったときのために不安を解消し平安を与えてくれるようなみことばが、そして悲しいときのために慰めてくれるみことばがある。そういうすばらしい本なのです。多くの書物は、限られた問題しか扱っていません。医学関係で言えば、たとえば「リウマチの治し方」という本にはリウマチのことだけしか書かれていません。焦点が絞られているということで、もちろん価値はあると思いますが、人生のすべてのことに解答を与えている書物となると、聖書以外にないのではないでしょうか。

この聖書に親しみ、新しい期待を与えられて進んでいくことができればと願います。

Ⅵ　たましいの救い

根拠ある楽観主義

「神を愛する人たち、すなわち、神のご計画にしたがって召された人たちのためには、すべてのことがともに働いて益となることを、私たちは知っています」(ローマ八・二八)。

大阪府の定例医師会講演会で、「医療とユーモア」というテーマをいただいたことがあります。最近ユーモアセラピーというのが世界的に広まってもいますから、ここでは「医療とユーモア」について書くことにします。

講演会の司会をした先生が非常にユーモアのある方で、川柳を披露してくださって、ご自分の作かどうかわかりませんが、いくつか紹介します。

「子に注ぐ妻の期待と僕の金」――これはなかなか上手だと思いました。

「禁煙をしても部下から煙たがられ」――あまりいただけませんか。

それから、これは国民の政治不信を受けていろいろな政党ができたという、非常に不安定な政情を皮肉ったおもしろい政治川柳です。

「俺はいま何党なのだと秘書に聞き」――上手ですね。

私がいちばん気に入ったのは医療川柳で、テーマと少し関係があります。

「ふと思うあのときめきは不整脈」――ややブラックユーモアでしょうか。

講演会が終わってから、司会の先生に、「柏木先生、人生に三つの坂があるんですが、どんな坂かおわかりですか？」と質問されました。

「上り坂、下り坂」というのはすぐにわかりました。先生は「さすがですね」と言って、そのあとに「しかし三つ目の坂がいちばん大切なんです」とおっしゃいました。

人生には非常に調子の良い上り坂のときもあれば、いろいろなことがうまくいかない下り坂のときもあります。でも、もう一つの坂が一生懸命考えてもわかりません。そうしたら先生は、ややいたずらっぽい表情で「まさかです」と言われました。

「上り坂、下り坂、まさか」

これはすごいですね。そう言われて、本当に納得しました。人生には「まさか」ということが起こります。その先生は「まさかのときにどのように対処するかで、その人の人生の値打ちが決まる」とおっしゃいました。

ほんの小さなことですが、私に「まさか」のことが起こりました。

神戸で開かれる口腔腫瘍学会での特別講演を、その一年くらい前に依頼されました。学会は木曜日と金曜日の二日間にわたって行われるのですが、私の手帳には金曜日に「特別講演」と書いてありました。

ところが「まさか」というのが起こって、プログラムが届いたら木曜日になっているのです。木曜日は大学で講義とゼミがあり、その後、教授会が入っていました。どうしようかと一瞬オロオロしました。

いつも楽観主義でいこうと思っていますから、「まあ何とかなるわい」と観念しました。そしてファイルをひっくり返して調べてみたら、(最近は、おかしいときにはだいたい自分のほうが間違っているのですが) 向こうから依頼されたのは確かに金曜日なのです。

会長の先生に電話をしたら、やはり私の思い違いではなく、向こうの間違いでした。先生はとても恐縮しておられましたが、結局金曜日の特別講演の先生と交代していただきました。開始時間もかなり遅くなり、朝の睡眠が確保できるようになりました。神様はすべてを働かせて益としてくださったのですね。

人生には、まさかと思うことが起きます。だいたい、まさかというときにはいいことは起こらなくて、「まさかこんな病気になるなんて」「まさかこんなひどいことが起こるなんて」というように、つらいこと、苦しいことが起こるのが普通ではないでしょうか。

まさかということが起こったときに、あわてふためくか、平安な心でそれを受けとめるかで、人生が決まってくるように思います。私の今までの人生にもまさかと思うようなことがたくさんありました。そのたびに信仰が試されました。

この項に、「根拠ある楽観主義」と題をつけましたが、これはただ単に楽観主義というのではなく、しっかりとした「信仰」という根拠がある楽観主義という意味です。
フランスの哲学者のアランという人がすばらしい言葉を残しています。

「悲観主義は気分だが、楽観主義は意志である。」

悲しいことが起こるとすぐに、私たちは悲観主義に陥って、「どうしてこんなことが起こってしまったんだろうか」と気持ちが滅入ってしまいます。でも、そのときに「きっと何とかなるぞ」という意志をもつのが楽観主義です。
しかし意志は、そう簡単には働きません。やはり「神様がすべてを働かせて益とすると約束しておられるんだ」という信仰があるときに、本当の意味での楽観主義になれるのではないでしょうか。

最大の試練

「これらの出来事の後、神がアブラハムを試練にあわせられた。神が彼に『アブラハムよ』と呼びかけられると、彼は『はい、ここにおります』と答えた。神は仰せられた。『あなたの子、あなたが愛しているひとり子イサクを連れて、モリヤの地に行きなさい。そして、わたしがあなたに告げる一つの山の上で、彼を全焼のささげ物として献げなさい。』翌朝早く、アブラハムはろばに鞍をつけ、二人の若い者と一緒に息子イサクを連れて行った。アブラハムは全焼のささげ物のための薪を割った。こうして彼は、神がお告げになった場所へ向かって行った」（創世二二・一～三）。

これは、アブラハムが神様から信仰の試練を与えられた話です。それも、とても信じられないような、自分の息子を自らの手で殺さなければならないという、まさに「最大の試練」でした。最後には神様がアブラハムの手を止めてくださるわけですが、そんなことはアブラハムには知るよしもありません。それなのにひとり子を献げよという命令を受けたとき、アブラハムはおっしゃるとおりにしようと決心しました。それが神様の命令であれば、どんなにつらいことであっても、どんなにしにくいことであっても従おう、そういう決断をして、イサクを連れてモリヤに行ったのです。そしてまさに殺そうとしたその瞬間、神様から「もういい、おまえの信仰はよくわかったから」ということばが下って、イサクを死なせずにすみました。

人生には小さなものから大きなものまで、実に様々な試練があります。家内は講演をする前の日に準備がなかなかうまくいかないで、「これは試練だ、試練だ」と言ったことがあります。（私は、あまり意識せずに感じたまま話したらいいのではないかとアドバイスしました。でも人間は限りなく自己中心的ですから、家内が講演を終えて帰って来たとき、何か私について変なことを話したのではないかと思い、チェックしました。）

人によって、最大の試練というものはずいぶん違うでしょう。最大の試練だという他人の話を聞いたときに、まず、「いや、もっと大変なことがあるぞ」と思うのが普通ではないでしょうか。しかしさすがに立て続けに大きな試練に遭った話などを聞くと、よくぞ試練を乗り越えて精いっぱい生きておられるなという尊敬の念を禁じえない場合もあります。

「試練というのは神学的に言えば、神様からの愛の証拠である」と書かれている本があります。でも、なかなかそういうふうに取ることはできないでしょう。またある聖書注解書には、「神は私たちのうちから良いものを引き出すために試みに遭わせる」とも書いてあります。

どんなに立派な信仰をもっている人でも、必ず試練はあるというのが現実ではないでしょうか。

また他の人にはどうしても相談できない、だれかに一緒に考えてもらうことができない試練を一人ひとりが抱えているのではないかとも思います。その人と神様との関係の中でしか解決できない試練もあるのです。

私たちは多くの試練に遭うけれども、それは神様から与えられたものであって、神様は必ず脱出の道を備えてくださっている。聖書を読んでいると、そういう慰めに満ちたみことばが目に留まります。苦しいとき、試練に遭っているときに、このみことばによって支えられたという方も多いのではないかと思います。

「あなたがたが経験した試練はみな、人の知らないものではありません。神は真実な方です。あなたがたを耐えられない試練にあわせることはなさいません。むしろ、耐えられるように、試練とともに脱出の道も備えていてくださいます」（Ⅰコリント一〇・一三）。

実際苦しみを味わっているときには「こんな苦しみ、悲しみが世の中にあるのだろうか」と思うことがありますが、このみことばははっきりと、「人の知らないものではありません」と言っています。必ずそれはどこかでだれかがすでに経験した試練だというのです。実に慰めに満ちた言葉です。

何とかなる、そういう気持ちをもつこと。ただ単なる楽観主義ではなく、信仰に基づいてそういう気持ちをもつことができたときに平安がくるのではないかと思います。

ピールという神学者は「主にある気楽さ」というすばらしい言葉を使っています。気楽であるということ、それも主にある気楽さ。それは、世の中、何とかなるぞ、神様は何とかしてくださるぞ、という信仰に基づいた気楽さなのでしょう。

最上の組み合わせ

「それだけではなく、苦難さえも喜んでいます。それは、苦難が忍耐を生み出し、忍耐が練られた品性を生み出し、練られた品性が希望を生み出すと、私たちは知っているからです」（ローマ五・三〜四）。

川崎洋という詩人の作品に「ほほえみ」という題の詩があります（『ほほえみにはほほえみ』〔童話社〕所収）。この詩は、「ビールには枝豆」という言葉から始まって、「カレーライスには福神漬け」というように、それぞれいちばん合うものを挙げていきます。「アダムには」というものもあって、私は「エバ」だと思ったのですが、「アダムにはいちじくの葉」だそうです。

そして最後に、ここがこの詩のいちばんのミソですが、「ほほえみ　には　ほほえみ」という言葉が出てきます。「ほほえみ」の最上の組み合わせはやはり「ほほえみ」だというのです。

日常生活にはいろいろな組み合わせがあるものですが、私はこの詩を読んだとき、聖書の一節がすっと頭に浮かびました。それが冒頭のみことばです。

ここに「苦難」「忍耐」「練られた品性」「希望」という四つの言葉の組み合わせが出てきます。（新共同訳聖書では、「練られた品性」の代わりに「練達」という言葉が使われています。私には「練られた品性」のほうがピッタリきます。）　人生では様々な苦難が私たちを襲うわけですが、それを信仰をもって忍耐していれば、その忍耐によって品性が練られていく。そして、それが必ず希望に変わっていくということを教えています。

私はこの四つの中で「品性」という言葉が非常に好きで、「品性」というのはどういう意味だろうかとずっと考えてきました。

余談になりますが、大阪大学の私の同僚だった人が「品の研究」をしています。人間にとって「品」とはどういうことなのかという研究です。彼は、「これが品だ」というのはなかなか難しいが、少なくとも「これは上品でない」というのはすぐにわかると言っています。まず大声でしゃべること。これは私も注意しなければいけません。それからしゃべるときに早すぎるというのも、どうも品を落とすようです。つまり、時と場合にもよりますが、ゆっくりと静かに話をすることが大切だということです。

もちろん「品」はいろいろな要素から成り立っていて、その人がもっている雰囲気や物腰も重要な要素です。ある会合で品の良さそうな方にお会いしましたが、口を開けた途端、早口で大きな声でしゃべられて、びっくりしたことがあります。さっそく川柳を作りました。

「口開くまでは上品だった人」（新聞に投稿しましたが、残念ながら載りませんでした。）

「品性」というのは、やはり思いが広くて、深くて、そして温かいという三つの要素が必要なのでしょう。

苦難がきたときにしっかりとそれを耐える、ただし信仰をもって耐えることが重要です。いつかこの苦難は解決されて、練られた品性を生み希望へつながっていくという信仰があれば、必ずその人の耐えている姿に品性がにじみ出てくるのではないかと思うのです。

これからも苦難の中に身を置かなければならないことがあるでしょうが、そのような信仰をもつことができたらと願っています。

たましいの救い

「あなたがたはイエス・キリストを見たことはないけれども愛しており、今見てはいないけれども信じており、ことばに尽くせない、栄えに満ちた喜びに躍っています。あなたがたが、信仰の結果であるたましいの救いを得ているからです」（Ⅰペテロ一・八〜九）。

台北にマッカイ病院という病院があります。淀川キリスト教病院と姉妹関係にあり、台湾でホスピス運動を進めている病院ですが、そこで五十床のすばらしいホスピスを建てました。ホスピスのオープン記念式典に参列し、記念講演をするため、台湾に行ったときの話です。

飛行機で二時間半ばかりの短い旅でしたが、私の座席の担当をしている二人の客室乗務員の表情が非常に対照的でした。一人はまだ入りたてのような若い方で、とても美しい笑顔をしていました。ところが、もう一人の、経験を積んで少し年上の客室乗務員は、口は笑っていますが、目が座っている。目は笑っていないのです。俗に言う営業スマイルです。そして全体のサービスがどうもビジネスライクで、あまり心がこもっていないように受け取れました。

「客室乗務員口は笑うが目は座る」という川柳を作ってしまいました。

表情というのは恐ろしいくらい心を表します。悩みがあるときは暗い顔になりますし、いらいらしているときは不機嫌な顔になります。憂鬱なときには憂鬱さが顔に出ますし、心に喜びがあるときは喜びが顔に出ます。そういう意味で、表情は言葉よりもずっと人々に投げかける情報が多いわけです。

私は医者になりたてのころ、三年ほど大学で研究生活を送っていました。ちょうど先輩が顔の表情の研究、特に笑いの精神医学的研究をしていて、そのお手伝いを二年間したことがあります。とてもおもしろい経験でした。

その先輩は、日本で初めて顔の表情筋の筋電図をとるという技術を開発した先生です。日本人らしい緻密な研究で、虫眼鏡で毛穴を探して百ミクロンの細い電極を毛穴から顔の筋肉に差し入れます。それをかなりの数、入れます。あまり痛くないので、私も何回か被験者になったことがありますが、そうして笑いとか怒りとか様々な表情を筋電図学的に解析します。笑ったときにはどこの筋電図の値が高くなるか、憂鬱なときにはどこが高くなるかを研究するのです。

情動を伴う笑いと伴わない笑いは筋電図学的にどう違うかという研究もしました。俳優の卵の方に来ていただいて、テレビで落語や漫才を見てもらう。そして、すごく良い顔をして笑ったときに写真と筋電図をとっておく。そのあと写真を見ながら、それと同じ表情を今度は演技で作ってもらう。それをまた写真と筋電図にとるという作業です。

二枚の写真を比べると、明らかに、漫才を見て笑っているときのほうが心から笑っていることがわかります。情動を伴っていることがわかるのです。作り笑いをしたほうは、顔は笑っているけれども心は笑っていないということがすぐわかります。

おもしろいのは、ベテランの女優さんになると、本当の笑いと作り笑いの差が写真ではほとんどわからないことです。でも、筋電図を見ると一目瞭然です。笑筋という人間だけにある笑う筋肉の「筋放電」の値が全く違うのです。

大学に入ってすぐに友人に誘われて、初めて教会に行ったときの光景を、今でも思い出します。数人の方がまさに「輝いた顔」という表現がぴったりする、今までとは質の違う笑顔をしておられました。それが非常に印象的で、こういう顔の輝きをつくりだす信仰とはいったいどのようなものなのか探ってやろうと、そんな傲慢な心をもって教会に通いだしました。

それから聖書を読み始めて、牧師先生といろいろな話をし、クリスチャンの方と交わりをもつなかで、少しずつ神様の存在を知らされました。頑固者だったので、洗礼を受けるまでに五年もかかりましたが……。

その学びの中で与えられたのが、冒頭のみことばです。これはクリスチャンの顔の輝きについて端的にまとめているみことばです。たましいの救いを得ていることからくる表情。それは輝きにあふれた、喜びに満ちた表情であるはずです。

しかしいくら信仰をもっていても、救われた罪人と言われるように、この世の様々な苦しみを背負うと表情に陰りが出ることが、もちろんあります。ただ喜んでいる表情と、たましいに救いを得ている表情は、どこか違うようです。

まだどこがどのように違うかということを言葉で表現するところまでいっていませんが、たましいの救いを体験している者として、その救いの喜びを映し出すような、良い表情で人生を送りたいと願っています。

受け身の踏み込み

「見よ、わたしは戸の外に立ってたたいている。だれでも、わたしの声を聞いて戸を開けるなら、わたしはその人のところに入って彼とともに食事をし、彼もわたしとともに食事をする」（黙示録三・二〇）。

私が初めて教会に行ったのは大学二年生のときでした。同じクラブに所属していたクリスチャンの友人に誘われたのです。宣教師の先生が少したどたどしい日本語で一生懸命クリスマスのメッセージをしておられたのを、今でもはっきりと覚えています。

教会員の方々が皆さんとても親切で、また底抜けに明るい顔をしておられました。そういう雰囲気の中で、少し傲慢でしたが、この人たちをこんなに明るくしているのはいったい何なのか探ってやろう、そんな気持ちで聖書を読みだして教会に通うようになりました。そして五年間の求道生活の末に、大学を卒業する直前に洗礼を受けました。

教会に通い、聖書を学んでいるなかで、様々なことをいろいろな方から教えられ、また聖書からも直接多くのことを教えられ、信仰の本質的な部分を示すたとえ話とでもいうようなものをずいぶん授かったように思います。

学生の甘えで、忙しい牧師先生や宣教師をつかまえてたくさん質問をしましたが、宣教師の先生はとてもわかりやすいたとえ話をして答えてくださいました。

ある日、先生が、「柏木さんは雨が降っているときにバケツをさかさまにして置いているような気がする」とおっしゃいました。つまり、神様の愛は雨のように降り注いでいるけれども、しっかり受けとめるためにはバケツを上に向けないとならない。バケツを伏せていては決して水は溜まらないというのです。それから、「神様はおられるのだろうか、という気持ちで聖書を読むのではなくて、神様はきっとおられるんだと信じて聖書を読めば、神様の愛を受けることができる」と話してくださいました。それが一つの転機になりました。

あるときには「チャンネルを合わせることが大切だ」とおっしゃいました。ラジオの電波はあなたの周りに飛びかっているけれども、周波数を自分で合わせないとキャッチすることができない。同じように神様の愛も聖霊というかたちであなたの周りを飛びかっている。でもあなた自身の心のチャンネルを合わせないと、決して神様の愛はわからない。まず飛びかっていることを信じなさい、と言われました。どういうふうにしてチャンネルを合わせるのかなかなかわかりませんでしたが、そういう気持ちで聖書を読み、また礼拝に出ているうちに、しだいしだいに神様の愛がわかるようになっていきました。

ところが三、四年目になると、洗礼を受けてクリスチャンになったら不自由になるのではないかという恐れが出てきました。その話を宣教師の先生にしましたら、「池の鯉を見てごらんなさい」と言われました。鯉は水の中で自由に泳ぎ回っている。空気を吸って生きている人間から見ると、水の中で苦しいのではないかと思う。しかし水の中にいる鯉は、もしかしたらわれわれを見て、空気にさらされて苦しそうだと思っているのではないだろうか。だからその世界に飛び込めば本当に自由になれる、と。

冒頭のみことばもたとえ話で、神様の愛、イエス様の愛を伝えています。イエス様が共に食事をしようと思ってドアをノックしておられる。しかし中にいる人がドアを開けるという行為をしなかったら、イエス様はお入りになれません。外まで来てノックなさるけれども、そのドアを開けるかどうかはその人の決断にかかっているということです。

私は聖書を読み、先生のお話を聞いているときにはまったくの受け身でした。よくわからないけれどもひたすら聞くということをずっと続けてきました。おそらく礼拝に出席していても、牧師の言葉をただ聞くだけということを何年も続けている方がおられるでしょう。でも自分から踏み込むことをしないかぎり、信仰の世界に入ることはなかなかできません。なかなか踏み込めないのが人間の弱さなのですが……。しかし、ずっと叩き続けておられる神様に対して、どこかで決断し、ドアを開けることが必要です。神様はそのとき、それに応えて踏み込んでくださいます。

受け身でいることも大切ですが、どこかで決断ができればすばらしいと思います。

見て、聞いて、さわる

「初めからあったもの、私たちが聞いたもの、自分の目で見たもの、じっと見つめ、自分の手でさわったもの、すなわち、いのちのことばについて。このいのちが現れました。御父とともにあり、私たちに現れたこの永遠のいのちを、私たちは見たので証しして、あなたがたに伝えます。私たちが見たこと、聞いたことを、あなたがたにも伝えます。あなたがたも私たちと交わりを持つようになるためです。私たちの交わりとは、御父また御子イエス・キリストとの交わりです」（Ⅰヨハネ一・一～三）。

もう何年も前のことですが、叔父が甲状腺の腫瘍を患って、私が紹介した病院に入院をしました。結局二年ほどして亡くなりましたが、入院中、叔母がずっと付き添っていました。手術のあと三日くらい経ってからお見舞いに行くと、叔母は「良い病院を紹介してくれた。お医者さんも看護師さんもよく部屋を訪問してくれる」と言って感謝してくれました。それは良かったと思って、術後の経過もまずまずで安心していましたが、それから一週間ほど経って行ってみると、叔母の様子が少し変わっているのです。

叔母は私に「この病院は本当に良い病院なんだろうか」と言いました。「まあまあ良い病院だと思う。だから紹介したんだ」と言うと、こう言ってきました。

「初めは看護師がしょっちゅう来てくれて、とても嬉しかったけれども、最近よく見ていると、点滴のスピードをチェックしに来ているだけだということがわかった。入って来るなり、患者の顔も見ずにすぐに点滴の瓶を見る。そしてうまく落ちていれば、何も声をかけずに出て行ってしまう。このごろずっとそういうことの繰り返しで、忙しいことはよくわかるけれども、とにかく部屋に入って来たら、まず点滴の瓶を見るのではなくて、患者の顔を見るなり、声をかけるなりしてほしい。」

さすがにナースセンターまで「部屋に入ったら、まず患者の顔を見てください」と訴えに行くことまではしませんでしたが、叔母の訴えを聞いて、忙しい現代医療の問題点を見たような気がしました。

まず患者さんの顔を見て、訴えを聞いて、できれば手で触れて脈をとる。これは当たりまえのことでしょう。脈をとるという身体的な接触は非常に重要です。だれかが触れてくれているという感覚が、患者さんに安らかな気持ちを与えるのです。

人間には様々な感覚がありますが、その中で視覚と聴覚と触覚の三つは人間生活の基本だと言われています。見て、聞いて、触れることが大切なのです。

私たちは日ごろごく当たりまえに患者さんの部屋に入り、患者さんをまず見て、聞いて、触れるということをしていると思っていますが、忙しいときにはそのうちのどれかを省略してしまっていることがあるようです。ある講演会で「看護というのは手と目でするものだ」と聞いたことがあります。確かに「看」という字は「手」と「目」という字が組み合わさってできています。手で触れること、目でしっかり見ること、それが大切だと思います。

冒頭のみことばにも三つの感覚「見る、聞く、触れる」が出てきます。ここにはイエス様についての証言の確かさということが言われています。ゆるぎない確信に立った言葉です。

けれども福音書には、信仰の前提としての見ること、触れることを否定的に書いている箇所もあります。弟子たちは、復活されたイエス様について、まずその噂を聞き、次にそのお姿を見て、そして実際に釘の痕《あと》がある手に触れました。そして、それを通してイエス様が復活されたということを信じたのでした。

これに対してイエス様は、もう一歩進んで、見ることと触れることを超えた信仰を教えておられます。「私は実際に見て、触れないと信じることはできない」と言った弟子に対して、イエス様は非常に意味深いことをおっしゃいました。

「見ないで信じる人たちは幸いです」(ヨハネ二〇・二九)。

私たちは、聞くだけではどうしても信じることができない、見ないと信じられない、触れないと信じられないという弱さをもっています。けれども神様は私たちに、聞くだけで信じるという能力を与えておられるのではないでしょうか。

神様を見ることは当然できません。触れることもできません。しかし神様のことばに聞くことはできます。聞くという行為の中から信じるという霊的な感覚、見ないで信じる力が生まれてくるのではないでしょうか。私たちはその力を確かに神様から授かっています。

現に世界中のたくさんの人が、神様を見ないで信じています。この事実は非常に重大ではないでしょうか。

縦の平安、横の平安

「わたしはあなたがたに平安を残します。わたしの平安を与えます。わたしは、世が与えるのと同じようには与えません。あなたがたは心を騒がせてはなりません。ひるんではなりません」(ヨハネ一四・二七)。

不安な気持ちになったことが、どなたにもあると思います。例外なく皆、平安な心をもって、あまり不安を抱かずに人生を送りたいと願っていますが、その途上において様々な不安が起こってきます。仕事上の不安、人間関係がうまくいかない不安、経済的な不安、病気の不安。私たちの人生は不安に満ち満ちていると言ってもよいのではないでしょうか。

そうした不安から少しでも解放されようとして、どのような方法をとるかを考えてみると、まず多くの人は何とか自分で解決しようと努力します。それがうまくいかなかったら、次はたとえば友人に相談をします。でも、一人の友人に相談をしたら助言を与えてくれたが、まだ不安が取れない。それでほかの友人にも相談してみたら、全く違う助言をされて、よけい不安になってしまった。そんな経験をしたことはないでしょうか。

家族や友人といった横の関係から得られるのが「横の平安」です。それももちろん大切ですが、本当に深い人生の悩み、ときにはだれにも相談することができないような状況にあっては、何の役にも立たないということがあるのではないでしょうか。

畑野研太郎という先生がおられます。ずいぶん前に淀川キリスト教病院で外科医として働いた後、海外医療に関心をもつようになり、長い間バングラデシュでハンセン病の治療にあたられました。先生があるニュースレターにバングラデシュでの体験談として書かれた文章を、今鮮明に思い出します。

畑野先生には私も親しくしていただきましたが、外向的で割にのんきな方です。けれどもバングラデシュに行って、言葉の問題、文化の問題、それから毎日毎日の忙しい仕事の問題、そして自分が十分に経験を積んでいないという医師としての不全感で、ずいぶんつらい時期を過ごされたようです。本当に孤独で、だれにも相談できない、そういう状況になったときに、先生が唯一相談できた相手が神様でした。

「祈りが深くなりました」ニュースレターには、そう書いてありました。さらに「祈る以外に道がありません」、また「今まであまり祈りの重要性を心の底から思ったことはなかったけれども、今祈りの重要性を覚えさせられています」ともありました。そして「しっかりと祈っているときに上から平安がきます」と言っておられました。これが「縦の平安」です。

冒頭のみことばは私の大好きなみことばです。「縦の平安」、つまり上からくる「平安」と、「横の平安」つまり横からくる「平安」は違います。

深い悩みや不安に陥ったときには横からの平安はあまり得ることができません。たましいを揺さぶられるようなそんな不安に陥ったら、信仰をもっているいないにかかわらず、やはり私たちは一生懸命祈るのではないでしょうか。それは縦からの平安を求めてのことだと思います。

インドで研修生活を送っていた娘から、ある日、メールがありました。初めは非常に元気にしている様子で安心していましたが、そこには、かなりひどい高熱と頭痛に悩まされ、一週間何も食べられないで寝込んでしまったと書いてありました。少し回復してからの報告だったので胸をなでおろしましたが、だれにもまったく助けてもらえないような状況で寝込み、本当に祈らされたということでした。

私たちはたくさんの人に囲まれて生活をしていますが、本当につらいときには孤独になります。そしてだれにも相談できなくなります。けれども、そのようなときにしっかりと自分の悩みを打ち明けて、祈りという行為をしていくときに、横からは決して得られない縦からの平安をいただくことができます。

「わたしの平安」というのは、まさに上におられる神様が、下にいる私たちに与えてくださる平安です。私たちの深い悩みや不安に答え得るのは上からの平安だけであるということを、あらためて心に留めたいと思います。

共にいるということ

「たとえ　死の陰の谷を歩むとしても
私はわざわいを恐れません。
あなたが　ともにおられますから。」（詩篇二三・四）

一九八四年四月九日、淀川キリスト教病院でホスピスケアが始まってからちょうど一か月、Tさんという肺癌患者がホスピスで亡くなりました。スタッフにとっては三度目の死でした。

Tさんはホスピスに入るまでに四度の手術を経験していました。そのときの再発に対しては、現代医学は全く無力でした。癌であることをはっきりと告げていませんでしたが、Tさんはうすうす感づいている様子でした。息苦しさにじっと耐えながらひとり病室の天井をにらんでいるTさんに、どのような言葉をかけたらよいのかわからないまま、ベッドの横の椅子に腰を下ろし、そっとTさんの手を握ってしばらく何も言わずに座っていたことがありました。座って手を握る以外に何もできない自分の無力さを感じながら、しかし、とにかく逃げずに毎日病室へ足を運びました。

そのとき私を支えていたのは、ホスピスの母とも呼ばれるシシリー・ソンダース医師（イギリスのセント・クリストファー・ホスピスの創設者）の、「末期患者のケアで最も大切なのは、何もできないことを知りながらも、患者と共にいるということである」という言葉でした。

Tさんの死後、挨拶に来られた奥さんが、「何も言葉を交わさなくても、先生が来てしばらく病室におられるだけでずいぶん気持ちが落ち着く……といつも主人が言っていました」と話してくださいました。私は、共に空間を占めることの大切さを思いました。

Tさんの死は、私に一つの体験を思い出させました。その当時私は、ある国立病院の精神科で研修中でした。病棟に、入院以来三年間、一度も口をきいたことがないという四十歳の女性の患者さんがいました。診断がはっきりつかず、カルテには「緘黙症《かんもくしょう》」と書かれてありました。耳が聞こえていることは、種々の検査から明らかでした。私が赴任するまでに部長の医師と若い研修医が、考え得るあらゆる治療法を用い、何とかひとことでもこの患者さんの口から言葉を出させようと努力しました。しかし様々な薬物療法や精神療法、カウンセリングなどにもかかわらず、彼女はひとこともしゃべりませんでした。当時よく用いられていた電撃療法やインシュリンショック療法も効果がありませんでした。

私が初めて彼女の病室を訪れたとき、彼女は椅子に座ってぼんやりと外を眺めていました。色白の彼女は実際の年齢より四つ五つ若く見えました。私は短く自分を紹介しましたが、彼女はチラッとこちらを見ただけで再び視線を窓の外へ向けました。

次の日、病室へ行って、私は驚きました。その患者さんはベッドに横になっていましたが、昨日座っていた木の椅子に、彼女の臀部《でんぶ》の形にくぼみができていたのです。彼女は三年間、トイレに行く以外は一歩も病室から出ず、ベッドとこの椅子の上で生活していたのです。私は看護師と協力して、何とかして彼女を病室から出そうとしましたが、彼女の抵抗はすさまじいものがありました。そして私たちはついにあきらめてしまいました。

彼女の表情には特徴がありました。目がとても大きく、鼻筋が通っていました。三年間の入院生活にもかかわらず、表情がひきしまっており、多くの他の患者さんに見られるような、いわゆるボーッとした感じがありません。もう一つの特徴は視線でした。視線の方向は合うのですが、奥行きが合いません。彼女の目は確かに私の目の方向を見ていますが、その焦点は私を通り越して私の後ろのほうに合っているという感じでした。

赴任して三か月、私も前任の研修医と同じようにいろいろのことを試みましたが、すべて失敗でした。部長もなかばあきらめていました。

そんなある日、図書館で何気なく読んでいたアメリカの雑誌の記事が私の注意をひきました。“Being with the patient”（患者と共にいること）と題したこの小さな記事には、非常に拒否的になっている患者に対して積極的な働きかけをするのではなくて、とにかく患者と共にいること、すなわち共通の空間を占めることによって、患者の心がほぐれていくとありました。私はこの記事を読んで喜びました。万策尽きて、どうしたらよいか全く途方にくれていた時なので、私は早速にこの記事を部長に見せて、この方法を彼女に適用してみたいと申し出ました。部長は、まず効果はないと思うが、やってみてもよいという許可をくれました。

次の日から、私は自分の机と椅子を彼女の病室に持ち込みました。少なくとも一日数時間、読書やカルテの記載、書きものや多くの雑用を、私はこの机で行いました。私は彼女とともに過ごすことになったのです。彼女の閉ざされた心に、何か変化が起こることを期待しながら、私は彼女にときどき話しかけました。たったひとことでいいからしゃべってほしかったからです。しかし彼女の口は固いままでした。

月日はむなしく過ぎ、大学からの一年間の出張ということで赴任していた私に、その病院を去る日が近づいてきました。しかし彼女には何の変化も起こりません。自分から言いだした方法を途中でやめるわけにもいかず、私はついに任期が切れる前の日まで、七か月間を彼女の部屋で過ごしました。しかし彼女はついに何もしゃべってくれませんでした。私は病院を去る前の日、大学へ戻らなければならないことを彼女に告げました。彼女の表情は動きません。私は何とも言えないやるせない思いをもちながら、自分の机と椅子を彼女の病室から運び出しました。

病院を去る日、多くの患者さんや職員が玄関で私を見送ってくれました。タクシーに乗り込もうとしたその時、私は人垣のいちばん後ろに彼女がいるのを見ました。私は自分の目を疑いました。幻を見ているのではないか。しかし、まぎれもない彼女でした。

一人の看護師に手を引かれながら、彼女は前に進み出ました。そして、小さな声で、しかしはっきりと、「先生、ありがとう。さようなら」と言ったのです。私は自分の耳を疑いました。彼女が口を開いたのです。部長も、信じられないという表情で彼女を見ました。看護師たちもただ茫然と彼女を見つめていました。彼女は、「ありがとう。さようなら」の言葉を残して、ひとりで病室へ帰って行きました。だれもあとを追いませんでした。私は駅へ向かうタクシーの中で、とめどなく流れる涙を抑えることができませんでした。

彼女はそれ以後再び口を閉じました。そして同じような生活が続きました。大学の同窓会で部長に会うたびに彼女の様子を尋ねましたが、いつも返事は同じでした。もう一度彼女に会いたいと思いながら、とうとうその機会をつくれませんでした。その後何年もして、この国立病院で講演を依頼されて行ったとき、彼女がその前の年、肺炎で死亡したということを知りました。あの日以来、死ぬまで彼女はひとこともしゃべらなかったそうです。

この体験は、これまで私が医師として多くの患者さんに関わってきた、その関わり方に大きな影響を与えています。どのような困難な問題を背負っている人でも、どんなに難しい状態に陥っている人でも、私自身がその人から逃げずに、共にいるという覚悟をして、共にい続けるときに、事態が次第に好転するという経験を、これまでずいぶんしてきました。患者さんと共にいることによって、私が患者さんから受け、また患者さんに与えるということが成立するように思います。

自分の苦しみや悩みを理解しようとして、ある人が自分と共にいてくれるとき、人は大きな心の慰めを得ます。その苦しみや悩みが深いほど、そばにいる人はいづらくなります。しかし、そのようなとき、人は共にいてくれる人を最も必要とするのです。

自分は不治の病にかかっているのかもしれない、もうすぐ死ぬのかもしれないというような不安や恐れをもっている人のそばにいるのは、つらいことです。しかし、そのような人は、共にいてくれる人を最も必要としています。

アメリカで多くの末期癌患者のケアに携わってこられたある牧師の経験によると、患者さんが最も慰められる聖書のみことばは、冒頭の詩篇二三篇だそうです。このみことばの中には、共におられる主なる神様を信じる者の平安が見事に語られています。

私自身もこれまでに多くのクリスチャンの方々の看取りをしてきましたが、このみことばによって支えられた方がかなりおられたことを思い出します。五十年以上にわたる恵まれた信仰生活を送ってこられたある直腸癌の患者さんは、亡くなる数日前に、「怖くありませんか?」との私の質問に、「大丈夫です。イエス様と一緒ですから」と言って美しくほほえまれました。

死んでいく時はみんなひとりきりになります。どんなに愛している人でも、死を共に経験することはできません。しかし、私たちの罪のために死を体験し、死に勝利して復活したイエス様が共にいてくださるとき、死は孤独なひとり旅ではなく、新しい世界への再出発となるのです。

Ⅶ　本当の幸せとは

生き続けるいのち

「イエスは彼女に言われた。『わたしはよみがえりです。いのちです。わたしを信じる者は死んでも生きるのです。また、生きていてわたしを信じる者はみな、永遠に決して死ぬことがありません。あなたは、このことを信じますか』」(ヨハネ一一・二五～二六)。

あるとき、病院に長く勤められたY先生の記念会がもたれました。先生と長い間親しくさせていただいていた者の一人として本当に感動しました。もちろん悲しい出来事なのですが、悲しさの中に心の安らぎのようなものを感じました。特に、一生懸命看病したお連れ合いが挨拶で、「夫は非常に多くのことを私たちに教えて、亡くなりました。そして、その死を通して、本当に多くの思い出を残してくれたことを感謝します」とお話しなさいました。そのお言葉を聞きながら、先生のいのちはこの地上にはもうないわけですが、ご家族の心の中に今もなお生き続けているのだと強く思いました。

同じような体験を、その後も何度かしました。家族会で、ご主人を亡くされた奥様が思い出を語ってくださいました。

家族会はホスピスで年に一度開いている、ご家族を看取られた遺族のための会で、七、八人の小グループに分かれて患者さんの生前の思い出を語っていただいています。悲しみを分かち合うことによって、また新たにがんばって生きていこう、そんなきっかけになればいいと願っています。

その会で、私のグループにいたある主婦の方が、私が回診のときに小さな心遣いでユーモアをお分けしたことが良い思い出になった、嬉しかったと話してくださいました。私にとってはそういうこともあったかなあというくらいの、本当に小さなことでしたが。

その日はとても天気の良い日で、青い空に太陽がきらきら照り輝いていたそうです。ご主人は入院してしばらく経ち、痛みが少し取れた段階であったようですが、回診のときに「きょうはお天気が良くて、とても私、気持ちがいいんです」と空を見ながら言われました。

すると私は「もしかしたら、こんなお気持ちかもしれませんね」と、ポケットから小さな青い紙を出して、お見せしました。それには「空」という字が書いてあって、四つの角《かど》が切ってありました。ご主人はそれを見て、言われました。

「空ですね。」

「四隅《よすみ》をどうしてありますか。」

「あっ、隅切った（澄みきった）空ですか。」

ご主人はニコッと笑われました。

奥様はその笑顔を見て、本当に嬉しかったとおっしゃいました。私は見ていませんでしたが、横で泣かれたそうです。今でもその角を切って渡した小さな「澄みきった空」を宝物のようにして持っていて、命日には必ずそれを取り出して見ようと決めたということでした。

この奥様は以前コーラス部に入っていて、きれいな声をしておられますが、「主人が亡くなってから歌を歌う気にもならないでいたんですけれども、この家族会をきっかけにして、また歌い始めたいと思います。悲しいのは私だけではない。皆さんも本当に悲しい思いをしていて、その中でがんばって生きておられる。そんな姿を見て、また歌い始めようと決心いたしました」と言われました。

そのとき私はまた励ましてあげようと、ふとひらめいて、同じようにメモ用紙を取り出し、奥様にお渡ししました。同じように四隅を切った紙ですが、今度は「声」と書いてあります。「澄みきった声でがんばって歌ってください。悲しみを乗り越えて生きていってください」という思いを込めました。

上智大学のアルフォンス・デーケン先生はユーモアの研究をしていて、「ユーモアは愛と思いやりの現実的な表現である」と定義しておられました。

人生の総決算をしようとしておられる患者さんに、小さなユーモアが、大きな愛の「現実的な表現」というところまではいかないにしても、そのいのちを家族に受け継がせる橋渡しになりました。

冒頭のみことばは、私が患者さんのいのちを考えるときにいつも思い出す聖句です。

人のいのちは死とともになくなってしまうわけではありません。神様を信じる者には、神様から永遠に生き続けるいのちが与えられます。そして、いのちは家族の中に、そして友人の中に生き続けていくのです。また、ただ思い出として生き続けるというのではなく、信仰をもっていれば、死んでも、よみがえりのいのちをいただくことができるのです。

真の健康

「平和の神ご自身が、あなたがたを完全に聖なるものとしてくださいますように。あなたがたの霊、たましい、からだのすべてが、私たちの主イエス・キリストの来臨のときに、責められるところのないものとして保たれていますように」（Ⅰテサロニケ五・二三）。

日本の現代社会を「健康ブームの社会」と言う人がいます。書店に行くと「健康コーナー」というのがあって、あらゆる種類の健康法の書かれた本が山積みされています。今はどこの国でもブームだそうですが、特に日本では、不況だとはいっても、恵まれた状況の中で自分の健康に非常に関心をもっている時代ではないかと思います。

私もその一人で、健康コーナーをときどきのぞきますが、ほとんどがいわゆる「体の健康」に関してのものです。「心の健康」というような本は、たまに数冊混じっているくらいです。

病院に勤めている者たちにとって、健康は非常に重要な課題です。健康を害した方々の治療に携わる者として、ときどき原点に戻って、すべてわかっているようなつもりで使っている「健康」という言葉の本当の意味を探ることが大切だと思っています。健康でありたいと願う、それは当然のことですが、では「健康」という言葉の意味は何かというと、あまり掘り下げて考えたことがないのではないでしょうか。

世界的にも健康に関する関心は非常に高く、世界保健機関（WHO）でも様々な働きがなされていますが、その一つに「健康」を定義するというものがあり、世界中の学者が集まって研究を続けています。

現在の「健康の定義」はこのようになっています。

「健康とは単に体に病気がないとか体が弱くないというだけではなく、肉体的にも精神的にも社会的にも完全に調和のとれた良い状態である。」

つまり、体の健康だけではなく、心の健康も社会的な健康も必要だというのです。

しかし数年前から、健康にはもう一つスピリチュアル（spiritual）という側面が必要なのではないかという議論が起こってきています。フィジカル（phisical）は「体」、メンタル（mental）は「心」、そして、ソーシャル（social）は「社会的」という言葉があてられています。それでは「スピリチュアル」という英語は日本語でどのように表現したらよいのでしょうか。非常に難しい問題です。

「全人医療」の定義では「魂」という訳をあてていますが、「霊的な」と訳す人もいますし、「実存的な」と訳す人もいます。

この新しい提案、「スピリチュアル」という言葉を入れるかどうかということに関して、世界中の学者たちが様々な意見を持ち寄って議論した結果、一つの結論が出ました。私も意見を求められたので、「ぜひ入れてほしい」とお答えしました。

そして、世界保健機関から回答が届きました。これがすばらしいとして提案された「健康の定義」なのです。（まだ正式に決定はされていませんが。）

Health is a dynamic state of complete physical, mental, spiritual and social well-being and not merely the absence of disease or infirmity.

下線部分が、前述の定義に加えられた言葉です。

普通であれば一つ付け加えるなら最後にくるはずですが、「スピリチュアル」のほうが大切だということで、「社会的にも」(social) よりも前にもってきたというのが大きな特徴です。

もう一つ加えられたのは'dynamic'という言葉です。「力動的な」という意味で、肉体的・精神的・霊的・社会的という四つのことが独立しているのではなくて、それぞれ関係し合っているダイナミックな状態ということを示しています。

冒頭の聖書の箇所は、この定義を見越してということではありませんが、見事に人間の健康の本質について語っています。

私たち人間は肉体と精神の二つのみから成る存在ではなく、必ずたましいももっているということを言っていて、「健康」というときに「霊と心と体」の三つの要素をしっかりと考えなければならないということを教えているのです。

三種類のいやし

「そこに、三十八年も病気にかかっている人がいた。イエスは彼が横になっているのを見て、すでに長い間そうしていることを知ると、彼に言われた。『良くなりたいか。』病人は答えた。『主よ。水がかき回されたとき、池の中に入れてくれる人がいません。行きかけると、ほかの人が先に下りて行きます。』イエスは彼に言われた。『起きて床を取り上げ、歩きなさい。』すると、すぐにその人は治って、床を取り上げて歩き出した」（ヨハネ五・五〜九）。

近年、「いやし」という言葉がはやっています。いやし系、いやしの旅、いやしの音楽……。「いやし」とはいったいどう定義されているのか、何冊か国語辞典を引いてみて、奇妙なことを発見しました。「いやす」はあっても「いやし」という語句がありませんでした。

聖書にはご存じのように「癒やし」とか「癒やす」という言葉がたくさん出てきます。『新改訳第三版』の聖句を検索する『新聖書語句辞典』（いのちのことば社）によれば、「いやす」は七十五か所、「いやし」は四か所ということです。そして『新改訳２０１７』を検索してみると、「癒やす」は百二十五か所、「癒やし」は十六か所です。これを見ても、聖書でも、「癒やし」という名詞形で使われることがそれほど多くなく、ほとんどが「癒やす」という動詞形で使われていることがわかります。

このことからも「いやし」という名詞形で使われだしたのは、ごく最近ということになるのでしょう。

「いやす」という言葉はたいてい、身体的な病気を回復させる、元に戻すという意味で用いられています。淀川キリスト教病院の「全人医療のための祈り」に「からだにはいやしが、こころには平安が、たましいには救いが」という言葉がありますが、この中の「いやし」もその意味です。

しかし「いやす」にはもう一つ、「長い間ほしくてたまらなかった物を与えて満足させること」という意味があります（『新明解国語辞典』第四版）。

今まで何度か「ホスピスに来ていやされました」と患者さんが言ってくださったことがあります。でも、すでに治癒することは考えにくい状態の病気をもっておられる方々です。

お話を聞いてみると、「つらさが理解された」ことを「いやされた」と言っておられることがわかりました。多くの治療の過程でつらい思いをしてきたが、ホスピスで初めてそのつらさをわかってもらえた。「長い間ほしくてたまらなかったもの」がやっと手に入った。「いやし」という言葉をそういう意味で使われたのです。

「いやす」また「いやし」にこだわって聖書を読んでみましたら、三種類の「いやし」があることがわかりました。一番目は「一方的ないやし」、二番目は「求めたゆえのいやし」、三番目は「相互作用によるいやし」です。

まず「一方的ないやし」は、たとえばマタイの福音書一九章二節に見ることができます。「大勢の群衆がついて来たので、その場で彼らを癒やされた」とありますが、この群衆は、イエス様が何か良いことをされるのではないかといった興味本位でついて行ったところ、思いがけず痛みから解放されたという体験をしたのではないでしょうか。特にいやしを求める気持ちがあったわけではないが、大ぜいで行動しているうちに、神様からの一方的な愛によっていやされた。そういういやしなのではないかと思います。

次の「求めたゆえのいやし」は、マルコの福音書五章二五〜三四節に出てきます。十二年もの長い間不正出血と痛みに悩んでいた女性が「イエス様の着物に触れさえすればきっとこの痛みや出血から解放される」という強い信念をもって、群衆をかき分けてイエス様に近づいて行き、その着物に触れた。そうしたら途端に出血が止まり、痛みが和らいだ。これは、いやされたいという非常に強い思いをもってイエス様に接近した結果いやされたということです。

最後の「相互的ないやし」に当たるのが冒頭の箇所です。

三十八年もの間病気で苦しんでいた人が「何とかいやされたい」との気持ちをもって池のそば

に伏せっていた。池の水が動いたときに最初に入ればいやされるという伝説を信じて待っている。けれども自分では体を動かすこともできない。そこへイエス様が来て、語りかけられたのです。

「良くなりたいか。」

当然その人は「もちろんです。良くなりたいのです。ただ池に入れてくれる人がいないのです」と言いました。そういうイエス様といやされたい人との間の相互関係によって、いやしが成立したということです。

ホスピスに限らず、いろいろなところで「私はいやされました」という言葉を聞くようになりました。その多くは、たとえば患者さんとスタッフの相互作用によってもたらされるもの、つまりつらさなどの気持ちを理解してもらうところからくるいやしではないかと思います。

私の著書に、「いやし」ということと、ここ数年関心をもって勉強をしている「ユーモア」との関係を書いた『癒しのユーモア』(三輪書店)という小さな本があります。私はこの本の装丁が気に入っていますが、その帯に、あとがきからの抜き書きがあります。次のような文章です。

「本書でいういやしは受動的なものではなくて、お互いの関係性のなかで起こる能動性の結果としてのいやしである。ユーモアによって緊張感がほぐれ、立場の壁がなくなり、平等性が保証される。ユーモアが愛と思いやりの現実的な表現として関係性のなかで提示されるとき、それはいやしをもたらすのであろう。」

老いて前向きに生きる

「年老いて　白髪頭になったとしても
神よ　私を捨てないでください。
私はなおも告げ知らせます。あなたの力を世に。
あなたの大能のみわざを　後に来るすべての者に。」（詩篇七一・一八）

淀川キリスト教病院の老健施設（介護老人保健施設）の礼拝でメッセージの奉仕をしたときのことです。礼拝が終わるとすぐ、いちばん後ろに座っていたかなり年配の女性が近寄って来られました。そして「哲ちゃん、大きくなったなあ」と言うのです。驚きました。

実は私は小学校一年生くらいから、この病院の近くに住んでいて、この辺りが私のふるさとなのです。母は、近くにあった鐘紡中島工場で看護師をしていました。私は病院ができる前からの住人で、この辺りは私の遊び場でした。小さいころには近所のおばさんがたから「哲ちゃん、哲ちゃん」と言って可愛がられていました。

まさか地元の病院へ就職するとは思っていなかったのですが、当初困ったのは、廊下で知り合いのおばさんに声をかけられることでした。

「まあ、哲ちゃん！」

米国から帰って来て、「がんばって、良い仕事をしてやるぞ」とはりきっているところに、「哲ちゃん」です。嬉しい反面、権威が地に墜ちるような気がして戸惑ったことを覚えています。

そして老健で、しばらく聞いていなかった「哲ちゃん」を聞いたというわけです。声をかけてくださった方はとてもお元気で、軽い認知症がありますが、その分だけ元気が増している、そんなおばあさんでした。「老い」ということをあらためて感じる機会ともなりました。

聖書はいろいろなところで、「老い」ということを教えています。賛美歌の中にも、「老い」を歌っているものがあります。

『讃美歌』（日本基督教団出版局）二八四番の四節には、こうあります。

老いの坂をのぼりゆき、
かしらの雪つもるとも、
かわらぬわが愛におり、
やすけくあれ、わが民よ

年をとっても、神様の愛に守られて生きていくときに平安がくることを歌っている賛美歌です。高齢者のしっかり生きている姿は、若い者に力を与えます。そういう力があることを、ご高齢の方々にはぜひ自覚していただきたいと思います。私の祖母には、次の二年間の目標として「あと二年とにかく元気でいてくれたら、そのこと自体が孫や曾孫や玄孫《やしゃご》に力を与えるんだ」と言っていました。

冒頭のみことばは、詩篇の記者が老いを迎えても信仰をもち続け、その信仰を来たるべき世代に語り伝えさせてくださいと祈っているところです。信仰を伝えるというような大げさなことではなくても、高齢者がしっかり生きていることそのものが神様からの祝福です。それが若い者に生きる勇気を与えるものなのです。

私自身も「老い」をしっかり生きて、子どもたちや孫たちに「おじいちゃんも、しっかり生きているんだ」という姿だけは見せてやりたいと思っています。

障がいは個性である

「私たちは自分たちに対する神の愛を知り、また信じています。神は愛です。愛のうちにとどまる人は神のうちにとどまり、神もその人のうちにとどまっておられます」（Ⅰヨハネ四・一六）。

一九九八年、朝日新聞社から朝日社会福祉賞をいただきました。ホスピスやターミナルケアの仕事に対していただいたこの賞は、淀川キリスト教病院のスタッフ一人ひとりの理解と協力、それからホスピスのスタッフの協力など、チームの力でいただいたと思っています。

その年、私以外に二名の受賞者がいました。お一人は李仁夏《イインハ》という韓国の牧師先生で、もう一人は牧口一二さんという障がいをもったグラフィックデザイナーです。三人ともクリスチャンだということで、授賞会場でいろいろな話をしました。

その前年も受賞者三人中二人がクリスチャンだったということです。先日、アフガニスタンで亡くなった中村哲さん、それから、やはりもうお亡くなりになりましたが、中村八重子さんという、恵まれない子どもたちのために福祉活動をされた方です。二年間で六人の受賞者中五人がクリスチャンであったということで、キリスト教の信仰と福祉がどこかで結びついているのではないかということを思わされました。

「障がいは個性である」――今回の授賞式で強烈に私の心を打った言葉です。牧口一二さんが挨拶の中で、また個人的なお話の中で言われたもので、新聞でも見出しに使われました。

牧口さんは一歳の時に脊髄性の小児麻痺の後遺症で、右脚が不自由になり、それ以後ずっと松葉杖の生活を強いられ、今は車椅子の生活をしておられます。障がいをもって生活しているなかで様々な差別を受けたりして、つらい思いをしたそうですが、「強い者ばかりが生きているのは人間の社会ではない」という気持ちをもって障がい者運動に取り組んでこられました。「違うことこそいいことだ」ということも盛んに言っておられました。

就職して自立した生活をしていきたいと強く思い、高校を卒業後、グラフィックデザイナーとして働こうと会社訪問をし、就職試験を受けました。でも、五十四社から断られました。最後の五十四社目の面接官に思いきって「なぜ採用されないのですか」と聞くと、「障がい者だからです」とはっきり言われたそうです。それが非常にショックだったと言っておられました。

たまたま友人が四人で始めた小さなグラフィックデザインの会社に就職をして、以来本職はグラフィックデザイナーなのですが、とにかく「障がい」ということに非常に重荷をもち、障がい者に優しい街づくりとして駅にエレベーターをつける運動をしたり、「だれでも乗れる地下鉄をつくる会」の代表をしたりしておられます。また障がい者に対する理解を求めて、約千五百校の中学校、高校を訪問し、四十万人くらいの生徒に、障がい者の抱えている問題や障がい者に優しく接してほしいということ、障がい者を理解してほしいということを訴え続けておられます。

そうしたご自分の体験のまとめとして、「障がいは個性である」という一つの思想を生み出されたわけです。「明るい」とか「粘り強い」とかいうように、人間はみな個性をもっている。障がいはそれと同じ個性なのだと、ずっと言い続けてこられたそうです。体験から出た言葉なので非常に重みがあります。

私は牧口さんが「障がいは個性である」とはっきり大きな声で言われたとき、すぐに、イエス・キリストのこの世での働きをひとことで言い表す言葉として、冒頭のみことば、「神は愛です」という言葉を思い出しました。

イエス・キリストはこの世に人の姿をとって来られ、多くの働きをなさいました。プリーチング(preaching)、ティーチング(teaching)、ヒーリング(healing)という三つのことがイエスのわざだとよく言われます。プリーチングは福音を宣べ伝えること、ティーチングは神の摂理を人々に教えること、そしてヒーリングは病に苦しむ人たちをいやすことです。これらの働きは、「神は愛です」というみことばに集約されるのではないかと思います。

聖書のメッセージはたくさんありますが、「神は愛です」というメッセージがその根幹をなしているのです。

障がいと神のわざ

「さて、イエスは通りすがりに、生まれたときから目の見えない人をご覧になった。弟子たちはイエスに尋ねた。『先生。この人が盲目で生まれたのは、だれが罪を犯したからですか。この人ですか。両親ですか。』イエスは答えられた。『この人が罪を犯したのでもなく、両親でもありません。この人に神のわざが現れるためです』（ヨハネ九・一～三）。

医学に限らず、様々な専門分野で、一つのことに長年関わっておられる方の言葉には、人々に感動を与えたり、また新しい思いを起こさせたりする特別な力があると思います。日本キリスト者医科連盟というクリスチャンの医師やナース、後援会の人たちが集まる集会で、私は石川克巳という先生のお話に非常に感動を覚えました。

石川先生は私より一つ年上ですが、国立療養所の重症心身障害児病棟で小児科医として障がい児のケアに従事してこられました。三十年以上の臨床経験をもち、その病院の院長を務め、それとともに臨床の現場で働いておられました。

先生は、こう言っておられます。

「障がい児をどう教育するかではなくて、障がい児を見る私たちが差別なく一人の人格として見ていくように育てられていくかということが問題となる。」

ここには先生が長い間かかって得た経験が凝縮されていると思います。普通、障がい児教育というと、障がい児をどう育てるか、どう教育するか、どう導くかということに関心がいきます。でも、そうではなく、障がい児教育は、われわれがどう育っていくかがいちばん問題なのだというのです。この視点はとても大切だと思います。

それから先生は「いのちの輝き」ということも言っておられます。

「障がい児の〝いのち〟を〝輝き〟とみなし、〝最高に生きる豊かな人格をもつもの〟と、心ある重症児に関わる医師をはじめ、職員、家族はとらえている。重症児の場合には、実態として本人とその家族が、周りの人たちに囲まれて、そこに一つのいのちが宿っている。そのこと自体がいのちと言える。周囲の人が、それがたとえ一人であっても、その重症児とのつながりを大事にしようとするかぎりは、まさにいのちである。」

いのちというものは周りの人々とのつながりの中に存在しうるものであるという考えです。また、こうも言っておられます。

「少なくとも、ある人が生きていることによって他の人に何らかの影響を及ぼすようであれば、それはもう人格ではないか。」

先生がケアしておられる重症心身障がい児の多くは寝たきりで、ひとことふたことぐらいしかものが言えない。しかし、その障がい児の中にキラキラ光る「いのちの輝き」を、先生は見ておられるのです。

あるとき看護師が先生にこう言ったそうです。

「いつもケアをする重症児の一人Yさんが心配そうな目で『どうした?』と尋ねている。このとき、私は心の中に気にかかることがあり、気持ちが落ち込んでいた。そんな私の心を見透かされている思いがした。」

看護師の表情、全体の雰囲気から何か普段と違うものを感じる、豊かな感性をもっている障がい児に感激したということでした。

それからもう一つ、これは桃子ちゃんという障がい児をもつお母さんの報告です。桃子ちゃんは小学校の特別支援学級に在籍しています。学校では最近はやりのイジメがあって、つらい思いをする子どもたちがいる。そうした子どもたちが特別支援学級に来て、障がい児や学級の先生から大きな慰めを得ているというのです。中には毎日来る子もいるとか。担任の先生によると、その子は友だちとの関係をうまく作れなくてイジメにあっているらしいのですが、このように言っているそうです。

「桃ちゃんは私のことをいじめたり、意地悪なことは言わない。いつも笑ってくれる」
（以上、引用は『医学と福音』〔日本キリスト者医科連盟〕二〇〇〇年五・六合併号より）

石川先生のお話を聞いて、私は障がい者の方々の中に人格やいのちの輝きをしっかり見ているかどうか、とても反省させられました。

それと同時に、お話をうかがいながら、冒頭のみことばを思い起こしました。

生まれつき目が見えない人について、弟子たちが「なぜこの人は目が見えないのか」と尋ねました。するとイエス様は、こうお答えになったのです。

「この人に神のわざがこの人に現れるためです。」

障がいというものをイエス様は、神のわざが現れるものと表現しておられます。石川先生のお言葉とこの聖書のみことばが本当にしっかりとつながっていると思いました。

本当の幸せとは

「神を愛する人たち、すなわち、神のご計画にしたがって召された人たちのためには、すべてのことがともに働いて益となることを、私たちは知っています」（ローマ八・二八）。

幸せになりたいと思わない人はいないでしょう。ただ、幸せとは何なのかということに関しては、人によって、また時代によって考え方が異なるのではないかと思います。

多くの哲学者や文学者が幸福論を発表しています。有名なところでは、ヒルティのものや、哲学者の小林秀雄のものがありますが、『文藝春秋』も「新幸福論――ほんとうの幸せとは？」と題する臨時増刊号を出しました（二〇〇一年八月発売）。なぜお鉢が回ってきたのかよくわかりませんが、私もそこに、原稿用紙数枚の短い文章を書いています。その原稿をもとに、私の幸福論をご紹介したいと思います。

だれでも幸せとはどういうことなのかを考えますが、それを概念としてまとめるのは難しいことです。これからお話しする私の幸福論は、あと十年くらい経てば、もしかしたら変わっているかもしれません。

これは今までの経験の集積から考える幸福論ですが、私は二つにまとめられるのではないかと思っています。一つは冒頭のみことばに関連して、自分に起こる出来事は何でも全部必ず益に変えられるという確信をもつこと。もう一つは死後の行き先を知り、そこに必ず行けるという確信をもつことです。この二つがあれば、人間はかなり幸せになれるのではないでしょうか。

人生には三つの坂があるというお話を先にしました。うまくいく順調な坂、何もうまくいかない下り坂、そして「まさか」という坂。

人生では、まさか自分にこんなことが起こるはずがないと思うことが、現実に起こる場合があります。そのまさかという坂は、ほとんどが自分にとって不都合なことです。まさかこんな悲しいことが、まさかこんな苦しいことが、まさかこんなに嫌なことが起こるとは……、と。

そのようなときには幸せだとはとても考えられません。ひどく不幸な気持ちになります。けれども、もしそのときに、今起こっている嫌なことは必ず将来益になっていくんだということを信じることができたら、それはもう非常に大きな力だと思います。

ヴィクトール・フランクルという、ロゴセラピーを創始した精神科の医者が、人間には三つの価値があると言っています。それは創造価値と体験価値と、それから態度価値です。

創造価値とは、その人がどれほど多くのことを創造することができるかということです。これにはお金も入っているわけで、どれほどたくさんのお金を儲けることができるか、そういう量的な価値が幸せにつながるという考え方です。

体験的価値は、どれだけ多くの体験をすることができるかということです。多くの人と友だちになり、たくさんの国を訪問して、多くの経験を得る。経験が多ければ多いほどそれは幸せにつながるんだという考え方です。

態度価値は、フランクルがいちばん重要だと言っているもので、どのような態度で人生を送るかということです。自分に起こったつらいことが必ず益になると信じることができる態度、そういう態度をもつことができれば幸せなのではないかと思います。

しかし、すべてのことが益になるといっても、最終的に寂しい死を迎えれば、結局不幸せだということにならないでしょうか。「終わり良ければすべて良し」という格言がありますが、逆に、人生の最後に悲しみがあれば、その人の人生は不幸で終わってしまうのではないでしょうか。

けれども、死というのは確かにこの世との別れではありますが、それは同時に新しい世界への出発であるという確信をもつことができれば、大きな幸せにつながるのではないかと思うのです。

そのように、この世で起こる様々なつらいことが将来必ず益になっていくのだということを確信することができるならば、また死後必ず苦痛のない新しい世界へ召し上げられるのだということを確信することができるならば、それは幸福な人生と言えるのではないでしょうか。

私はそう思っているのです。

あとがきにかえて――全人医療への思い――

からだ、心、たましい、社会

キリスト者の医師として、長年、精神科とホスピスで臨床に携わってきましたが、その経験から、人間の存在の要素として、からだ、心、社会、たましいの四つの側面があると思っています。英語で言うと、physical, mental, social, spiritual です。この四つは互いに関係し合います。体の具合が悪いと、精神的に不安定になります。精神状態が不安定だと社会生活に支障をきたします。そして、たましいは、人間存在の中心にある最も重要な要素と考えられます。からだの痛みなどはすぐに理解できますが、たましいの痛みは理解するのが難しいのです。がん末期の患者さんが「これまでの自分の生き方は間違っていたのではなかろうか」と自分に問いかけるのは、たましいの痛みですが、その痛みに聴き入るスピリチュアルケア師の介入が必要になります。

人が健康であるためには、全人的に健康である必要があります。具体的に言うと、四つの側面において健康である必要があるということです。からだと心とたましいをもつ一人の人がそれぞれの側面で健康であり、他の人（社会）との関わり、すなわち社会的側面においても健康であるとき、初めて全人的に健康であると言えるのです。

ＷＨＯ（世界保健機関）の健康の定義

ＷＨＯは健康の定義として、physical（身体的）、mental（精神的）、social（社会的）側面をあげています。一九九八年にＷＨＯ総会において、もう一つ spiritual（霊的）な側面を付け加えるべきではないかとの提案がなされましたが、採択されませんでした。それは残念なことでしたが、少なくとも spiritual well-being（霊的な健康）という概念がＷＨＯの総会で正式に話し合われたことは、非常に意義深いことでした。

聖書の人間観

聖書の数か所に人間の存在の要素について書かれています。たとえば、テサロニケ人への手紙第一、五章二三節に、「あなたがたの霊と心とからだとを完全に守って下さるように」（口語訳）とあります。American Standard Version（米標準訳）の聖書では、それぞれを spirit, soul, body と訳しています。

「私の心は喜び、私のたましいは楽しんでいる。私の身もまた安らかに住まおう」（詩篇一六・九、新改訳第三版）ともあります。これらの聖書の箇所から言えることは、聖書は人間をからだ、心、たましいから成る有機体とみなしているということではないでしょうか。

「安」らかの三側面

「安」らかと関連する三つの言葉があります。安全、安心、平安です。それぞれ、からだの安全、心の安心、たましいの平安に連動します。全人医療では、この三側面を患者さんとご家族に提供する必要があります。細心の注意を払い、医療ミスを起こさないように、からだの安全を図らねばなりません。また、訴えにじっくりと耳を傾け、理解的態度で接し、患者さんに安心していただくことも大切です。しかし、全人医療の最も大切な部分はたましいの平安であると思います。安心は横から来ます。平安は上から来るもの、神から来るものなのです。横の安心、縦の平安と言えるでしょう。上からの平安をスタッフの働きを通して、患者さんやご家族にお伝えすることが全人医療の究極の目標であると思います。

背負うケア

東日本大震災を通して、全人医療の重要性をあらためて教えられました。全人医療というよりも全人的ケアと言うほうがふさわしいでしょう。

⑴ 差し出すケア

これはケアというより、差し出す医療と言ったほうがよいかもしれません。地震、火事、津波などによって生命の危険にさらされている人々に対して救命のための医学的技術を提供することです。これは技術力を上から下へ差し出すということで、差し出す人の人間性はあまり問われません。技術力が大切なのであって、人間力はさほど重要視されません。救命にあたる医師は、技術がまず大切で、それさえしっかりしていれば、人間的な温かみや親切な心はそれに続きます。

(2) 支えるケア

急性期の上から下へ差し出すケアから下から支えるケアが必要な時期が続きます。生命は助かったけれども、家族を亡くし、家が倒壊し、ひとりで避難所生活を余儀なくされた人が、持病の高血圧が悪化して、ふらつきが出てきました。訴えをよく聴き、診察し、的確な降圧剤を処方し、親切に支える必要があります。支えるケアには技術力と人間力の両方が必要です。

(3) 寄り添うケア

避難所生活が長くなると、人々は寂しさや孤独感をもつようになります。気分が沈んでうつ状態になる人もいます。そんなとき、安易に励まさず、そっと傍らに寄り添って、話を聴いてくれる人がいれば、どんなにか心が慰められるでしょう。寄り添うケアは横からのケアです。下から支えるのではなく、横に寄り添うのです。そのためには人間力が要ります。支えるケアは、下支えをしないと、この人は自立できないという思いがこちら側にあります。寄り添うという場合には、その人が自立できる力をもっており、横に寄り添っていれば、自立を助けることができるという気持ちがこちら側にあります。しっかりと寄り添うためには愛と知恵を土台とする人間力が必要です。

(4) 背負うケア

背負いきれない悲しみや、苦しみを持つ人がいます。支えても、寄り添っても軽くなりません。心の痛みというより、たましいの痛みです。いわゆるスピリチュアルペインです。そんなとき、人間には背負いきれないけれども、背負ってくださる方（神）が存在することを伝えることはできます。伝えるためには自らが主にゆだねる信仰をもっていることが必要です。どこまでも私たちを背負い続けてくださる方を伝えることはキリスト者の務めであると思います。

スピリチュアルケア

全人医療を目指す病院が少しずつ増えています。全人医療の中で、最も大切で難しいのが、たましいのケア、スピリチュアルケアです。十四年前に「日本スピリチュアルケア学会」がスタートし、スピリチュアケア師を養成しています。スピリチュアケア師は、いわば、たましいのケアの専門家です。私はこの学会の理事長で、本書の推薦文を書いてくださった窪寺俊之先生は理事で、スピリチュアルケアの専門家です。全人医療の内容として、スピリチュアルケアは最も大切で、最も難しいと私は思っています。いのちが輝くためには、からだも心もたましいも健全な状態であることが大切です。その中でも、たましいの健康にしっかりと焦点を当てるのが全人医療の基本です。全人医療の考え方が日本の医療全体に浸透していくことを願っています。

ご多忙の中、推薦文を寄せてくださった窪寺先生に心からお礼を申し上げ、あとがきの結びといたします。

二〇二一年四月

柏木哲夫

＊聖書 新改訳 2017© 2017 新日本聖書刊行会

いのちを輝かせるもの

2021年5月25日 発行

著　者　柏木哲夫

印刷製本　日本ハイコム株式会社

発　行　いのちのことば社
〒164-0001 東京都中野区中野2-1-5
電話 03-5341-6922（編集）
03-5341-6920（営業）
FAX03-5341-6921
e-mail:support@wlpm.or.jp
http://www.wlpm.or.jp/

ISBN 978-4-264-04270-9